A CIÊNCIA DA FELICIDADE NO TRABALHO

CARO(A) LEITOR(A),

Queremos saber sua opinião
sobre nossos livros.
Após a leitura, siga-nos no
linkedin.com/company/editora-gente,
no TikTok **@editoragente**
e no Instagram **@editoragente**,
e visite-nos no site
www.editoragente.com.br.
Cadastre-se e contribua com
sugestões, críticas ou elogios.

DENIZE SAVI

A CIÊNCIA DA FELICIDADE NO TRABALHO

7 PASSOS PARA SER FELIZ NO TRABALHO E NA VIDA

Diretora
Rosely Boschini

Gerente Editorial Sênior
Rosângela de Araujo Pinheiro Barbosa

Editora
Natália Domene Alcaide

Assistente Editorial
Mariá Moritz Tomazoni

Produção Gráfica
Leandro Kulaif

Preparação
Wélida Muniz

Capa
Vanessa Lima

Projeto Gráfico
Marcia Matos

Adaptação e Diagramação
Vanessa Lima

Revisão
Bianca Maria Moreira
Debora Capella

Impressão
Santa Marta

Copyright © 2025 by Denize Savi
Todos os direitos desta edição
são reservados à Editora Gente.
Rua Deputado Lacerda Franco, 300
Pinheiros – São Paulo, SP – CEP 05418-000
Telefone: (11) 3670-2500
Site: www.editoragente.com.br
E-mail: gente@editoragente.com.br

Dados Internacionais de Catalogação na Publicação (CIP)
Angélica Ilacqua CRB-8/7057

Savi, Denize
    A ciência da felicidade no trabalho : 7 passos para ser feliz no trabalho e na vida / Denize Savi. – São Paulo : Editora Gente, 2025.
    192 p.

Bibliografia
ISBN 978-65-5544-579-4

1. Desenvolvimento profissional I. Título

25-0208   CDD 158.1

Índices para catálogo sistemático:
1. Desenvolvimento profissional

NOTA DA PUBLISHER

Como encontrar felicidade no trabalho quando ele muitas vezes parece uma fonte de pressão e insatisfação? Essa é uma questão que milhares de pessoas enfrentam diariamente em uma sociedade que exalta a produtividade, mas negligencia a conexão com o propósito e o bem-estar. Para muitos, o trabalho é sinônimo de esgotamento, no qual os dias parecem arrastados, e o fim de semana é aguardado como um alívio. Mas será que precisa ser assim?

Em *A ciência da felicidade no trabalho*, Denize Savi nos convida a explorar uma nova possibilidade: transformar o trabalho de uma obrigação pesada em um espaço de significado e realização. A autora combina sua experiência como Diretora de Felicidade Corporativa com sua sólida formação em Psicologia Positiva para guiar o leitor rumo à felicidade. Este é um guia que vai muito além da teoria, proporcionando insights e ferramentas práticas que podemos aplicar desde já.

Denize nos mostra que a felicidade não é uma utopia reservada ao fim de semana ou às férias. Ela nos ensina que podemos ser felizes no "durante", e que o trabalho não precisa ser apenas uma fonte de renda, mas um espaço de crescimento e conexão. Com uma abordagem que alia inteligência emocional, autoconhecimento e ciência, este livro é um verdadeiro convite para reescrevermos a maneira como vivemos nossas jornadas profissionais.

Seja você um colaborador em busca de mais equilíbrio ou um líder interessado em criar um ambiente mais saudável e produtivo, este livro é essencial. Prepare-se para refletir, se conectar com sua essência e, acima de tudo, construir uma vida que realmente vale a pena ser vivida – tanto dentro quanto fora do escritório. Permita-se mudar e inspirar aqueles ao seu redor. A felicidade, afinal, é uma escolha que começa com um passo. Vamos juntos?

ROSELY BOSCHINI
CEO e Publisher da Editora Gente

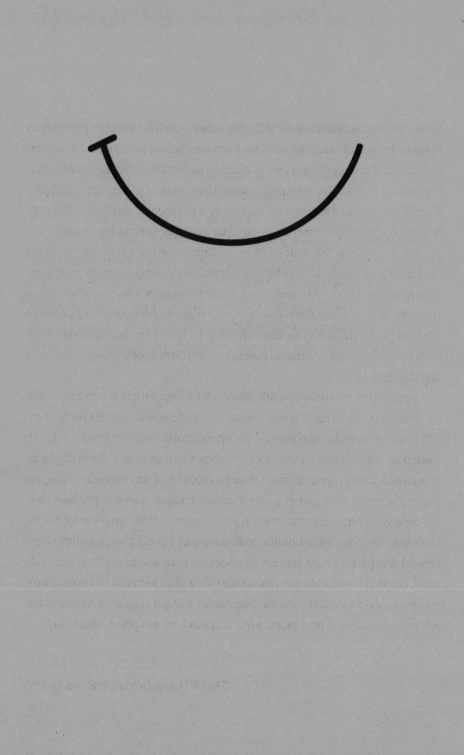

Dedico este livro aos meus pais, que me ensinaram minha primeira lição sobre felicidade: valorizar o que se tem, em vez de reclamar do que falta.

Aos meus filhos, Sofia e Noah, que me mostram, todos os dias, que felicidade é amar sem esperar nada em troca.

Ao meu companheiro e amor da minha vida, Caito Maia, que me ensinou que felicidade é ter coragem – coragem não só para enfrentar meus medos, mas, principalmente, para acreditar na minha capacidade de realizar meus sonhos (e cá estou eu, concretizando um deles).

Também dedico este livro a todas as pessoas que, como eu, buscam ser felizes de forma autêntica e estão nessa jornada de autoconhecimento, aspirando a uma vida que vale a pena ser vivida!

AGRADECIMENTOS

Ninguém consegue ter sucesso, realização e felicidade sem a presença de um outro. São as pessoas que nos tornam quem somos, e é por elas que fazemos o que fazemos. É para você, querido(a) leitor(a), que escrevo este livro, compartilhando o que aprendi e pratico há anos. Meu muito obrigada por estar aqui – espero que embarque em uma leitura transformadora.

Obrigada aos meus professores, mentores e colegas de jornada, com os quais aprendi o caminho para uma felicidade autêntica. Destaco aqui uma das professoras mais brilhantes que tive, Carla Furtado (*in memoriam*), com quem tive a honra de aprender muitos dos conceitos que aplico no meu trabalho e na minha vida.

Ao longo dessa trajetória, a pessoa que mais esteve ao meu lado, me incentivando, torcendo pelo meu sucesso, me ajudando nos momentos de dúvida e me impedindo de desistir, foi meu companheiro de vida, Caito Maia. Muito obrigada por me apoiar e embarcar comigo no propósito de transformar vidas.

Obrigada também aos nossos filhos: Sofia, Noah, Luca e Beni. Eles são a razão pela qual levanto da cama todos os dias, com a missão de tornar o mundo um lugar melhor para eles.

Obrigada aos meus pais, Sueli e Santo, que me deram uma base sólida e me ensinaram os valores que são o alicerce da minha vida e norteiam minha felicidade.

Aos meus irmãos, Elise e Gilmar, e aos meus cunhados, Bula, Pati, Lu e Gui, pessoas tão especiais na minha vida.

Obrigada aos meus companheiros na jornada da felicidade corporativa: Vinicius Kitahara, Luan Rodrigues de Jesus, Gilmara Dias Lima e Roberto Caruso. Obrigada, Izabella Camargo, que generosamente escreveu o prefácio deste livro. Izabella é uma profissional que admiro e que tem deixado um legado importante no campo da saúde mental no nosso país.

Obrigada à minha colega Erica Reis, com quem apresento no YouTube o programa *Reviravolta*, um projeto que fala sobre transformação de vidas.

E obrigada a todos os colaboradores da Chilli Beans que estão comigo nesta jornada de renovação do ambiente de trabalho, que começamos juntos na empresa.

Por fim, minha gratidão a todos que, de alguma forma, fizeram parte dessa jornada e contribuíram para que este livro se tornasse realidade. Que esta leitura inspire você a buscar a felicidade de forma genuína, valorizando cada passo do caminho. Afinal, a verdadeira transformação começa dentro de nós.

SUMÁRIO

Prefácio _____ 13

Introdução À procura da felicidade no trabalho – e na vida _____ 16

Capítulo 1 Falta muito para o happy hour? _____ 28

Capítulo 2 Quando vai chegar a minha vez de ser feliz? _____ 42

Capítulo 3 A era da hiperprodutividade tóxica _____ 52

Capítulo 4 Como ser feliz aqui e agora, inclusive no trabalho ___ 64

Capítulo 5 1ª chave: autoconhecimento
e inteligência emocional _____ 76

Capítulo 6 2ª chave: dom essencial _____ 90

Capítulo 7 3ª chave: sentido e propósito _____ 102

Capítulo 8 4ª chave: autorrealização _____ 114

Capítulo 9 5ª chave: conexão humana e relacionamentos _____ 124

Capítulo 10 6ª chave: atenção plena _____ 136

Capítulo 11 7ª chave: gratidão _____ 150

Capítulo 12 Uma vida que vale a pena _____ 164

Capítulo 13 Ser, viver, transformar-se _____ 172

Posfácio Felicidade corporativa na prática _____ 180

PREFÁCIO

Esteja presente para reconhecer o que procura, dentro ou fora do trabalho em que você está!

Você já procurou os óculos de sol ou de grau e percebeu que eles estavam no seu rosto? Felicidade, no trabalho ou fora dele, é isso. Muitas vezes nem percebemos que já estamos vivendo o que planejamos ou um dia sonhamos. Nos distraímos tanto reclamando do que falta que nos esquecemos de reconhecer e agradecer o que está nos fazendo feliz.

É evidente que cada empresa, dependendo do que produz, enfrenta riscos específicos, líderes com idades diversas e culturas de outras gerações. Sabemos que chefes disfuncionais e desatualizados existem e que, se já não houvesse um consenso sobre o adoecimento no trabalho, nem existiria adicional de insalubridade – um direito constitucional obrigatório para profissionais que trabalham em condições nocivas à saúde.

Porém, sempre vejo muita inconsistência quando alguém fala de um ambiente tóxico e não percebe que está contribuindo com fofocas de corredor, interrompendo os colegas com gracinhas inconvenientes, enfim, tendo comportamentos nada saudáveis para quem está reclamando do espaço que também habita e no qual também interfere, positivamente ou não. Ou seja, a cultura organizacional é modificada a longo prazo, e todos são corresponsáveis. É um assunto de interesse de todos – ou pelo menos deveria ser. As mudanças precisam do endosso do líder e da prática de todos.

Para falar de felicidade no trabalho, também preciso destacar o que vejo em muitas empresas no Brasil e em outros países: profissionais perdendo saúde, energia, tempo e, consequentemente, felicidade, reclamando do que escolheram um dia. É preciso lembrar frequentemente quais são as regras do jogo que você escolheu jogar, porque felicidade no trabalho não significa ausência de problemas, conflitos ou cobranças. Tudo isso faz parte da dinâmica de um adulto que convive em sociedade. Ninguém faz nada sozinho, e você precisa se relacionar bem para se desenvolver bem. Então, é muito importante conhecer o que a ciência moderna explica sobre felicidade e revisar o que está "embutido" no seu ofício para assumir sua autorresponsabilidade.

Acredito que é essencial se conhecer para reconhecer o que é suficiente. Por isso, para mim, felicidade no trabalho tem a ver com autoconhecimento, e para Denize também é assim. Nós duas temos muito em comum, inclusive: somos do Paraná, começamos nossas carreiras no rádio, fomos para São Paulo em busca de realização profissional e encontramos pautas que nos movem.

Nesta obra, Denize se aprofunda em dados mundiais e nacionais que certamente vão contribuir para a sua compreensão sobre o assunto da felicidade no trabalho, mostrando que esse conceito não é uma utopia. Investir em ambientes saudáveis e, consequentemente, felizes deve fazer parte das estratégias do negócio. Adiante você entenderá por quê.

Está na hora de atualizarmos nossas ideias. Pensamentos e atitudes do passado não combinam mais com o *zeitgeist* – espírito do tempo – atual. Por exemplo, não vou contratar menores de idade para compor meu quadro de funcionários só porque, no passado, crianças trabalhavam como adultos. Não é porque trabalhei em ambientes em que situações de assédio eram comuns que vou continuar agindo da mesma maneira – já se sabe que é possível bater metas sem bater nas pessoas.

No passado também não existiam equipamentos de proteção individual, e hoje o mapeamento dos riscos é obrigatório em todas as empresas, inclusive os riscos psicossociais, com a atualização da NR-01 – a norma "mãe" de todas as outras, a mais abrangente e importante para a Segurança e Saúde no Trabalho, vigente a partir de maio de 2025.

Você já deve ter visto fotos da construção do edifício Rockefeller Center, em Nova York, em que alguns trabalhadores estão sentados em uma viga de aço no 69º andar, almoçando tranquilamente a 256 metros de altura, sem cintos ou qualquer outro equipamento de segurança. Era 1932, e contam que os desempregados da época ficavam em frente à obra esperando alguém cair para se candidatarem à vaga. Hoje, uma obra é paralisada pela falta de equipamentos de segurança. Ou seja, o trabalho está sendo humanizado (isso pode parecer incoerente, mas, diante dos fatos do passado, não encontrei adjetivo melhor).

Denize é uma agente de transformação ao nos oferecer este livro, que inclui os resultados de sua gestão como *Chief Happiness Officer* (CHO) da Chilli Beans: aumento do EBITIDA, redução de turnover e aumento do nível de felicidade, métrica fundamental para o clima organizacional. A corajosa paranaense deixa um legado para comprovar que respeito, felicidade e negócios podem e devem andar juntos para a sustentabilidade de uma empresa.

Espero que você tenha disponibilidade para não apenas ler os dados, mas acolher as informações e perceber que você pode nutrir sua felicidade também em horário comercial.

Ótima leitura!

IZABELLA CAMARGO
Jornalista idealizadora do Movimento pela
Produtividade Sustentável e dos EPIs da Saúde Mental

INTRODUÇÃO:
À PROCURA DA FELICIDADE NO TRABALHO – E NA VIDA

Sextou! O meme, que se tornou um clássico das redes sociais, seja em formato de hashtag, imagem ou legenda, é usado para ilustrar momentos de folga que marcam a chegada da sexta-feira e o início do fim de semana. Mas você já pensou que por trás dessa "comemoração" está a ideia fortemente enraizada em nossa cultura que associa o trabalho a um fardo? Associação essa que teve início na própria etimologia da palavra: trabalho vem do latim *tripalium*, termo que designava um instrumento de tortura formado por três estacas de madeira (ou ferro) no qual eram presas e castigadas as pessoas escravizadas na Antiguidade. O entendimento do trabalho como fonte de identidade e autorrealização só começou a surgir centenas de anos depois, em meados do século XIV, a partir do Renascimento.[1]

Ainda assim, no decorrer da História, temos diversos exemplos de opressão aos trabalhadores de modo geral. É perfeitamente compreensível, portanto, que ainda hoje o trabalho, na mente da maioria das pessoas, seja sinônimo de dominação. Ainda mais se levarmos em conta que, até mesmo nas empresas mais democráticas, os sistemas de gestão continuam a reproduzir o modelo de comando e controle, isto é, aquele em que o líder governa de "cima para baixo", decide quase tudo sozinho (e quando algo dá errado, busca culpados) e não aceita críticas. Sendo assim, não julgo. No passado, provavelmente eu mesma já tenha postado nas horas vagas algum conteúdo com #sextou – de jornalista a especialista em Ciência da Felicidade, percorri um longo, e muitas vezes tortuoso, caminho.

---

1 RIBEIRO, C.; LEDA, D. O significado do trabalho em tempos de reestruturação produtiva. **Estudos e Pesquisas em Psicologia**, Rio de Janeiro, v. 4, n. 2, dez. 2004. Disponível em: http://pepsic.bvsalud.org/scielo.php?script=sci_arttext&pid=S1808-42812004000300006&lng=pt&nrm=iso. Acesso em: 23 dez. 2024.

A sabedoria popular diz que a gente muda pelo amor ou pela dor. Comigo foi pela maneira mais difícil. Comecei a trabalhar meio por acaso em uma rádio no interior do Paraná aos 17 anos, em minha terra natal. O diretor ouviu e gostou da minha voz quando eu estava participando de um evento de divulgação de um show e me convidou para fazer um teste. Como sempre gostei de desafios, fui com a cara e a coragem, e assim virei apresentadora antes mesmo de estudar Jornalismo – na época, aliás, eu pensava em fazer Psicologia.

Poucos anos depois, já formada, construí uma carreira bem-sucedida na região, com passagens por jornais e afiliadas locais de canais de televisão (como Band e Record). Nesse meio-tempo, me casei e tive uma filha linda, a Sofia. Em resumo, poderia dizer que minha vida estava indo bem, dentro do esperado socialmente para aquela menina comunicativa que queria ser paquita da Xuxa.

Após o meu divórcio, entretanto, as coisas começaram a mudar. Depois de anos vivendo um casamento desgastado, mas aparentemente feliz, decidi me separar. Só que a separação foi um choque para as pessoas ao meu redor, pois eu vivia em um ambiente bastante tradicional. Foi difícil encarar tudo aquilo. Tive medo de que algumas portas começassem a se fechar e, assim, que eu perdesse espaço profissional.

Infelizmente, ainda hoje mulheres divorciadas sofrem preconceito. Mas a dor que senti naquele momento se transformou em coragem. Resgatei a audácia daquela menina de 17 anos que aceitou ser locutora de rádio sem nunca ter pisado em um estúdio, e foi com essa determinação que recuperei um sonho antigo (que não podia realizar sendo casada, com filha e morando no interior): ser apresentadora de televisão em um grande centro.

Em um primeiro momento, precisei deixar a Sofia com o pai e me mudei para São Paulo a fim de recomeçar. Não tinha ideia do que esperar, mas eu sabia que precisava seguir o que gritava o meu coração e, ao menos, tentar. Rapidamente, dei de cara com a dura e competitiva realidade de uma metrópole, como você deve imaginar. Ao sair da minha zona de conforto, percebi que talvez o meu sonho não seria concretizado. Não queria desistir e voltar para a casa dos meus pais; o jeito era buscar outros sonhos. A saída que encontrei foi mergulhar no autoconhecimento.

No início dessa jornada, fui apresentada à Psicologia Positiva. Criada no final dos anos 1990, trata-se de um campo de estudos da Psicologia que se concentra na identificação e na promoção de fatores que contribuem para a felicidade e o bem-estar dos seres humanos, de modo que levem uma vida mais saudável e significativa. Em outras palavras, visa aumentar a qualidade da saúde mental, em vez de apenas tratar a doença mental. Um adendo importante: não tem nada a ver com evitar o sofrimento a todo custo, invalidando as emoções negativas, sejam as nossas ou as de outras pessoas, como vemos com frequência na internet. O nome disso é positividade tóxica.

Fiquei fascinada pelo assunto. Curiosa, decidi estudá-lo. Além de ler vários livros e me aprofundar em estudos (muitos dos quais vou compartilhar com você ao longo dos capítulos), busquei uma formação mais completa, com pós-graduações e outras formações específicas, e me tornei especialista em Ciência da Felicidade.

Sempre acreditei que o conhecimento, de fato, transforma. À medida que me familiarizava com a Psicologia Positiva na teoria e a aplicava em minha vida na prática, percebia o quanto eu florescia. Nascia então uma nova Denize, menos ansiosa, mais equilibrada, madura e feliz. Aquela insatisfação constante – principalmente em relação ao meu trabalho, onde, no início, eu não estava conseguindo colocação – deu espaço a um novo sonho: compartilhar conhecimento e transformar a vida das pessoas.

Enquanto jornalista, queria dividir esse aprendizado com outras pessoas. Simplesmente não podia guardar aquela "mágica", que impactou o meu modo de pensar, agir e ver o mundo, toda para mim. Foi o que comecei a fazer por meio do meu principal canal de comunicação na época, o Instagram.

Eu já desconfiava de que não estava sozinha. Uma pesquisa recente comprovou que quase um terço dos brasileiros está infeliz no trabalho.[2] Já outro levantamento, divulgado no início de 2024, revelou que mais de 7 milhões de pessoas pediram demissão no ano anterior no Brasil, número recorde

---

2 SARAIVA, J. Quase um terço dos brasileiros se sente infeliz no emprego. **Valor Econômico**, 8 nov. 2022. Disponível em: https://valor.globo.com/carreira/noticia/2022/11/08/quase-um-terco-dos-brasileiros-se-sente-infeliz-no-emprego.ghtml. Acesso em: 23 dez. 2024.

À procura da felicidade no trabalho – e na vida

na história do país.[3] Existem inúmeras explicações para esse fenômeno do século XXI: excesso de demandas, longas jornadas de trabalho, acúmulo de funções, cobrança intensa, entre outras. Em comum, elas têm a hiperprodutividade como cenário. A cultura do "trabalhe enquanto eles dormem, e você vai conseguir dar conta e vencer" está deixando todos frustrados, tristes e até doentes.

O resultado é o que o filósofo sul-coreano Byung-Chul Han batizou de "sociedade do cansaço".[4] Todas essas descobertas me trouxeram novas inquietações. Se a maior parte da nossa rotina envolve o trabalho, seremos então infelizes na maior parte do tempo? Foi esse o estopim que me levou a me dedicar à Ciência da Felicidade no trabalho.

GANHA-GANHA

A preocupação com a felicidade não é exatamente um pré-requisito da Modernidade; ela já estava presente desde os primórdios da Filosofia na Grécia Antiga. O movimento de trazer a discussão para dentro das empresas, contudo, ganhou força na última década,[5] com iniciativas na Europa e nos Estados Unidos, o que fez surgir o *Chief Happiness Officer* (que em português significa algo como Gestor Executivo de Felicidade), conceito criado pela empresa dinamarquesa Woohoo Partnership em 2003. Mais conhecido pela sigla CHO, sua função é basicamente cuidar dos níveis de felicidade e bem-estar dos colaboradores de uma empresa, com metodologia e estratégia.

O tema tornou-se ainda mais relevante nos últimos anos. Em primeiro lugar, porque o mundo está mudando – o que é um bom sinal. Com a geração Z

---

3 RAMOS, M. Demissões voluntárias batem recorde no Brasil com mais de 7 mi em 2023, mostra levantamento. **CNN**, 15 fev. 2024. Disponível em: www.cnnbrasil.com.br/economia/macroeconomia/demissoes-voluntarias-batem-recorde-no-brasil-com-mais-de-7-mi-em-2023-diz-estudo/. Acesso em: 23 dez. 2024.

4 HAN, B-C. **Sociedade do cansaço**. Petrópolis: Vozes, 2015.

5 CUNHA, J. O que fazem os CHO, cargo cada vez mais comum em grandes companhias. **Folha de São Paulo**, 26 out. 2023. Disponível em: https://top-of-mind.folha.uol.com.br/2023/10/bom-humor-e-simpatia-sao-bem-vindos.shtml. Acesso em: 23 dez. 2024.

SE A MAIOR PARTE DA NOSSA ROTINA ENVOLVE O TRABALHO, SEREMOS ENTÃO INFELIZES NA MAIOR PARTE DO TEMPO?

A CIÊNCIA DA FELICIDADE NO TRABALHO
@ DENIZESAVI

dominando o mercado de trabalho, o velho modelo para atrair e segurar os talentos nas empresas não funciona mais. "No passado, acreditávamos que o aumento da carga horária e da tecnologia resultaria automaticamente em maior produtividade e, portanto, em maior rentabilidade", ensina o pesquisador norte-americano Shawn Achor, um dos maiores especialistas em felicidade no mundo, antigo professor do famoso curso sobre felicidade da Universidade de Harvard (Estados Unidos). Ao que ele complementa: " [...] Porém, as empresas de maior sucesso foram as que mudaram essa lógica".[6] Outro motivo foi a pandemia de covid-19, que indiretamente aumentou os casos de ansiedade, depressão e burnout em toda a população e levou a saúde mental à pauta do dia.

Sendo assim, está mais do que na hora de a felicidade no trabalho ser incorporada à missão, à visão e aos valores das empresas. Algumas pessoas acreditam que basta oferecer um espaço mais descolado, com salas de jogos ou de meditação, promover festinhas, permitir a entrada de animais de estimação no escritório e pegar leve no *dress code* para deixar os colaboradores mais felizes. Mas a questão é mais complexa, como vamos discutir nos próximos capítulos.

E o que a gente vai ganhar com isso no fim das contas? Gosto de pensar que muitos estão mudando de mentalidade porque acreditam na construção de um mundo melhor e mais justo para todos. Você tem todo o direito de me dizer que estou sendo ingênua. Paralelamente, no entanto, já é sabido que investir na felicidade no ambiente de trabalho traz inúmeras vantagens não só para os funcionários, como também para os donos das empresas, pois aumenta a sustentabilidade do negócio. Um estudo publicado na *Harvard Business Review* mostrou que quando os colaboradores estão satisfeitos com o trabalho são 31% mais produtivos, 85% mais eficientes e (pasme!) 300% mais inovadores.[7]

Além disso, de acordo com uma pesquisa da Robert Half Talent Solutions, uma das maiores empresas de recrutamento especializado no mundo, "não se sentir feliz no trabalho" foi a principal razão apontada por 44% dos

---

6 MOSS, J. **Felicidade no trabalho**: estratégias para otimizar sua performance. Rio de Janeiro: Ubook, 2020.

7 EMPRESAS buscam inspiração no país mais feliz do mundo sobre felicidade e bem-estar no trabalho. **Valor Econômico**, 22 set. 2023. Disponível em: https://valor.globo.com/conteudo-de-marca/gerdau/artigo/empresas-buscam-inspiracao-no-pais-mais-feliz-do-mundo-sobre-felicidade-e-bem-estar-no-trabalho.ghtml. Acesso em: 23 dez. 2024.

participantes (ou seja, quase metade dos profissionais entrevistados) para pedir demissão.[8] Essas estatísticas indicam que, atualmente, quem se ausentar dessa discussão pode ficar para trás. A felicidade no trabalho não é uma tendência de mercado e vai muito além da retenção de talentos.

Traduzindo esses números, podemos dizer que pessoas que estão felizes em sua ocupação se sentem mais motivadas e veem mais sentido em acordar cedo para enfrentar quaisquer que sejam os desafios profissionais do dia. Esse engajamento se reflete diretamente na produtividade e, por consequência, no lucro da empresa, pelo simples motivo de que os funcionários vão ter melhor desempenho. Já para os trabalhadores, o benefício ocorre em 360 graus: para além das conquistas profissionais, há o indiscutível ganho de saúde mental. O que reduz os índices de burnout e equilibra não apenas sua relação com o trabalho, mas também com a família e o mundo.

"A Ciência da Felicidade fortalece nosso sistema de imunidade psicológico", afirma o estudioso israelense de felicidade Tal Ben-Shahar, doutor em Psicologia e Filosofia pela Universidade de Harvard.[9] "É desnecessário dizer que fortalecer o sistema de imunidade psicológico, ou o sistema de imunidade biológico, não significa que você não vai ficar doente. Significa apenas que você ficará doente com menos frequência e que, quando isso acontecer, vai se recuperar de modo mais rápido", acrescenta. Para usar um jargão comum no mundo dos negócios, quando nenhuma das partes sai perdendo, é um ganha-ganha.

Embora a Ciência da Felicidade não seja uma panaceia, como destaca Ben-Shahar, em referência ao escritor e estatístico libanês–americano Nassim Nicholas Taleb, ela gera algo ainda maior que a resiliência: a antifragilidade.[10] O termo "resiliência", que surgiu na Engenharia, caracteriza uma substância ou um material que tem a capacidade de retornar à forma original após

---

8 MANTOVANI, F. Para muito além do salário: por que as pessoas se demitem. **Robert Half Talent Solutions**, 25 ago. 2023. Disponível em: https://www.roberthalf.com/br/pt/insights/carreira/para-muito-alem-do-salario-por-que-pessoas-se-demitem. Acesso em: 23 dez. 2024.

9 BEN-SHAHAR, T. **Seja mais feliz, aconteça o que acontecer**. São Paulo: Globo, 2022.

10 TALEB, N. N. **Antifrágil**: coisas que se beneficiam com o caos. Rio de Janeiro: Objetiva, 2020.

suportar estresse ou pressão. Já o antifrágil, além de voltar ao estado anterior, torna-se mais forte depois de passar por isso. Ele cresce a partir das adversidades. É como se fosse uma espécie de resiliência 2.0.

O QUE VOCÊ VAI ENCONTRAR AQUI

O problema é que passamos o dia esperando o fim do expediente, a semana esperando o fim de semana, o ano esperando a chegada das férias... Com isso, transformamos a rotina em um peso e vivemos um relacionamento tóxico com o trabalho, que contamina outros aspectos do dia a dia. *Spoiler*: não percebemos que, ao passarmos o dia esperando dar a hora para sair do trabalho, estamos acelerando a vida. Não nos damos conta de que, acordar na segunda pensando na sexta-feira é o mesmo que torcer para que a vida acabe mais rápido. Por isso, a felicidade precisa ir além do happy hour, dos feriados e das férias. Ela tem de acontecer DURANTE o expediente (seja você funcionário CLT, terceirizado, autônomo, empresário...) e fluir para todas as áreas da vida.

Todos buscamos um ambiente positivo, com tarefas desafiadoras, reconhecimento e boa remuneração. Mas a verdadeira felicidade é mais do que isso; é reconhecer o valor e o significado daquilo que fazemos. É encontrar sentido e propósito para a nossa jornada, é construir conexões autênticas e promover um equilíbrio saudável entre vida pessoal e a profissional. Investir em desenvolvimento pessoal, abraçar a diversidade e nutrir um ambiente de colaboração são ingredientes secretos para a felicidade no trabalho – tanto em dias bons quanto em dias ruins. Uma pessoa feliz também faz os seus "corres" e tem os seus perrengues, a diferença está na maneira como vê e enfrenta os problemas.

Mas como melhorar os índices de felicidade no local de trabalho, sendo isso algo tão subjetivo? Com a ajuda da Ciência da Felicidade, que mencionei antes. Especialmente porque um dos seus pilares é a inteligência emocional, a capacidade que temos de identificar e lidar com as nossas emoções, afinal elas acontecem no cérebro. Como bem lembra Jennifer Moss, expert na implementação da felicidade no local de trabalho, assim como tantos outros processos químicos (fome, sede, desejo sexual etc.), as emoções podem ser definidas como "conjuntos complexos de dados que viajam através das vias neurais de uma parte do nosso cérebro para outra".[11] Décadas de pesquisas que envolvem da Psicologia à Neurobiologia podem nos ajudar a desvendar o que realmente nos faz felizes e quais são as práticas necessárias para chegar lá.

Muitas vezes, porém, confundimos realização pessoal com conquistas extraordinárias. Mas não é o sucesso que traz felicidade, e sim o contrário: é a felicidade que traz o sucesso. Independentemente de qual for seu conceito de sucesso, ele precisa estar ancorado nos seus valores pessoais para se tornar duradouro. Daí a importância de descobrir a sua essência – e foi exatamente para isso que criei o método 7 **chaves para ser feliz no trabalho, na rotina e na vida**.

A primeira chave, **autoconhecimento e inteligência emocional**, vai lhe mostrar que só é possível viver a plena potência do seu potencial ao se conhecer primeiro, além de permitir que você aprimore sua capacidade de reconhecer e administrar os próprios sentimentos, bem como lidar melhor com as pessoas. Na sequência, vamos nos ater ao que chamei de **dom essencial**. Essa segunda chave diz respeito ao pré-requisito fundamental à felicidade: a descoberta da sua essência, sua genialidade pessoal. Já a terceira chave será dedicada à discussão de **sentido e propósito**. A relação de ambos com a felicidade é quase óbvia, não é mesmo? Mas você sabe quais são os seus? Pois é! Avançando nessa reflexão, a quarta chave é a **autorrealização**. Assim como precisamos ter um propósito maior para nos guiar, o que nos mantém motivados é a realização desse propósito, bem como o reconhecimento da importância das pessoas com as quais nos conectamos e nos ajudam nessa jornada. Por isso, a quinta chave vai trazer um dos tópicos que considero a base deste debate: **conexão humana e relacionamentos**. Por quê? Continue a leitura, e você vai descobrir – e, com certeza, concordar.

A sexta e a sétima chave tratam de dois conceitos que são fundamentais não apenas para alcançar a felicidade no trabalho, mas para mantê-la: **atenção plena** e **gratidão**. Antes que você pense que é papo de autoajuda, saiba que há inúmeros estudos científicos dedicados ao tema. Além de comprovarem sua eficácia, eles nos mostram como desenvolver essas habilidades. Ao final

---

11 MOSS, J. *op. cit.*

de cada chave do método, vou trazer também dicas práticas de como aplicar no seu ambiente de trabalho todo o conhecimento que ganhou aqui. Independentemente do seu cargo, tenha certeza de que esse método vai funcionar. Tanto no ambiente profissional quanto no pessoal.

A solução para ser mais feliz no trabalho é simples, como você viu, porém não simplista. Muitos fatores estão envolvidos, é verdade. Mas calma! Vamos destrinchá-los a partir de agora. A boa notícia é que você é um dos principais responsáveis pela sua felicidade, já que ser feliz tem tudo a ver com as próprias escolhas. Não estou ignorando o papel dos empregadores nem a responsabilidade social deles, obviamente. Jornadas e demandas adequadas, assim como remuneração justa e ambientes motivadores, são fundamentais para a felicidade no trabalho – o que exige transformação cultural e compromisso estratégico da organização, com a adesão de todos os líderes.

Faça um favor a mim e a você mesmo e mergulhe nas próximas páginas de cabeça aberta, sem receio de mudar o que estiver bloqueando a sua felicidade. Espero que este livro o ajude a perceber que a jornada profissional não se restringe apenas ao que realizamos; envolve também quem nos tornamos ao longo do caminho. Segundou?

NÃO É O SUCESSO QUE TRAZ FELICIDADE, E SIM O CONTRÁRIO: É A FELICIDADE QUE TRAZ O SUCESSO.

A CIÊNCIA DA FELICIDADE NO TRABALHO
@ DENIZESAVI

CAPÍTULO 1:
FALTA MUITO PARA O HAPPY HOUR?

Em 2015, ano do septuagésimo aniversário da Organização das Nações Unidas (ONU), governantes dos 193 estados-membros da entidade assinaram um acordo no qual se comprometeram a seguir dezessete objetivos em prol do desenvolvimento sustentável nos quinze anos seguintes. Esse plano de ação global, que ficou conhecido como Agenda 2030,[12] visa transformar o mundo em um lugar melhor para viver. Entre as metas contempladas pelo documento, há pautas urgentes como erradicação da pobreza, educação de qualidade, cidades e organizações sustentáveis, água potável e saneamento, igualdade de gênero, paz, justiça e instituições eficazes... mas gostaria de destacar duas categorias dessa importante lista: saúde e bem-estar; trabalho decente e crescimento econômico.

A inclusão desses tópicos certamente não aconteceu por acaso, até porque o documento foi elaborado a partir de um trabalho de dois anos de consulta pública que envolveu diferentes setores da sociedade global. Mesmo que a felicidade, pessoal ou profissional, não seja citada diretamente no texto, ficou claro que ela é indispensável para a construção de um planeta mais justo e sustentável para todos. E, se entrou na lista, é porque anda em falta.

A Agenda 2030 ressalta, ainda, que todas as partes interessadas são convidadas a atuar em uma parceria colaborativa para implementar o plano, levando em conta diferentes realidades nacionais, capacidades e níveis de desenvolvimento. Afinal, para a ONU, essas metas envolvem, igualmente, os países desenvolvidos e os em desenvolvimento, e beneficiam a todos. Em outras palavras, além dos governantes, nós também temos um papel a desempenhar.

---

12 SOBRE o nosso trabalho para alcançar os Objetivos de Desenvolvimento Sustentável no Brasil. **ONU**. Disponível em: https://brasil.un.org/pt-br/sdgs. Acesso em: 23 dez. 2024.

O desafio é grande, eu sei. Desde 2006, o Gallup, um dos institutos de pesquisa de opinião mais respeitados do planeta, entrevista pessoas de 140 países (incluindo o Brasil) para saber como elas estão. Isso mesmo. Para o instituto, se você perguntar a qualquer governante sobre o desenvolvimento de seu país,[13] ele vai citar o crescimento da receita, o valor das ações ou, no caso de algumas nações, o preço do petróleo. Mas quase nenhum vai responder a quantas anda a felicidade de seu povo.

O que é preocupante, na opinião Jon Clifton, CEO do Gallup. Tanto que ele chama essa falta de atenção ao bem-estar da população de "o ponto cego dos líderes mundiais". Isso, porque o índice de infelicidade no mundo só cresce. Para se ter uma ideia, no início do levantamento, em uma escala de 1 a 10, somente 1,6% das pessoas entrevistadas classificava sua vida como a pior possível. Em quinze anos, o número quadruplicou, chegando a 7,6%.

De acordo com algumas projeções, estamos atrasados na busca por um mundo mais justo e feliz. O pesquisador Pedro Paro escreveu sobre a Agenda 2030 no artigo "O papel dos negócios de impacto na aceleração da nova economia", publicado no jornal *Folha de S.Paulo*,[14] dizendo que "se não acelerarmos a transição para um novo modelo econômico e social, devemos atingir a Agenda 2030 dos Objetivos de Desenvolvimento Sustentável da ONU apenas em 2073 – atraso de 43 anos em uma agenda crítica para o futuro da humanidade e do planeta". Paro também é fundador e CEO da Humanizadas, empresa de inteligência e análise de dados responsável pela avaliação das empresas nacionais com as melhores ações de ESG.

Há tempos, aliás, que o conceito ESG se tornou famoso no Brasil e no mundo. Só para lembrar, a sigla vem das palavras, em inglês, *environmental*, *social* e *governance* (ambiental, social e governança). Como sugere o nome, o termo define boas práticas ambientais, sociais e de governança dentro das organizações. Recentemente, a Ciência da Felicidade tem sido incorporada

---

13 CLIFTON, J. **Blind Spot**: The Global Rise of Unhappiness and How Leaders Missed It. Washington D.C.: Gallup Press, 2022.

14 PARO, P. O papel dos negócios de impacto na aceleração da nova economia. **Folha de S.Paulo**, 8 mar. 2022. Disponível em: https://www1.folha.uol.com.br/empreendedorsocial/2022/03/o-papel-dos-negocios-de-impacto-na-aceleracao-da-nova-economia.shtml. Acesso em: 23 dez. 2024.

à discussão, mais especificamente como parte da letra "S". Isso, porque as empresas estão começando a perceber que responsabilidade social, ou seja, o cumprimento de seus deveres com a comunidade, lá fora, também significa cuidar das pessoas que compõem as organizações, ali dentro. Não é à toa que, na contramão das estatísticas, os colaboradores são mais felizes quando trabalham em organizações que adotam práticas sustentáveis.[15]

Pois como citei na introdução do livro, há diversas pesquisas que comprovam que a relação entre empresas e colaboradores anda desgastada. Quase um terço dos brasileiros se sente infeliz no trabalho,[16] segundo levantamento feito pela plataforma de bem-estar Gympass com aproximadamente 9 mil pessoas em nove países, incluindo o Brasil. Mais um dado surpreendente (ou talvez não!) da pesquisa: 83% dos participantes afirmam que o bem-estar é tão importante quanto o salário. Tanto que até 77% deles cogitariam deixar a empresa caso o tema não fosse valorizado pelos empregadores.

Para João Barbosa, cofundador do Gympass (agora Wellhub), o resultado mostra que está na hora de as companhias darem o devido valor ao bem-estar no ambiente profissional. "A folha de pagamento é o maior item de custo para uma empresa, mas ainda não estamos focados o suficiente para garantir que as equipes obtenham o desempenho máximo", afirmou na ocasião do lançamento da pesquisa.[17] "As organizações devem garantir que os times darão o melhor de si todos os dias e, para isso, devem olhar para a felicidade e a qualidade de vida dos empregados", concluiu.

Não, a falta de satisfação no trabalho não é apenas uma percepção que a gente tem quando se senta em uma roda de amigos para beber e conversar após o expediente. De acordo com um estudo recente da LCA Consultores,

---

15 SANTIAGO, G. Qual o segredo para ser feliz no ambiente de trabalho? Estudo diz que são as práticas ESG. **Exame**, 7 nov. 2023. Disponível em: https://exame.com/carreira/qual-o-segredo-para-ser-feliz-no-ambiente-de-trabalho-estudo-diz-que-sao-as-praticas-esg-entenda/. Acesso em: 23 dez. 2024.

16 SARAIVA, J. Quase um terço dos brasileiros se sente infeliz no emprego. **Valor Econômico**, 8 nov. 2022. Disponível em: https://valor.globo.com/carreira/noticia/2022/11/08/quase-um-terco-dos-brasileiros-se-sente-infeliz-no-emprego.ghtml. Acesso em: 23 dez. 2024.

17 *Ibidem.*

baseado em dados do Ministério do Trabalho e Emprego (MTE), 7 milhões de pessoas pediram demissão em 2023 no Brasil.[18] Esse montante, um recorde para o país, equivale a 34% dos mais de 21,5 milhões de desligamentos registrados no período. Vale destacar ainda que a taxa de demissões voluntárias, que vem crescendo desde a pandemia da covid-19, é maior entre pessoas com pós-graduação completa (46,9%) e entre os mais jovens: 39,5% estão na faixa etária de 18 a 24 anos e 36,5%, na de 25 a 29 anos.

AMBIÇÃO SILENCIOSA

A infelicidade no trabalho provavelmente é também uma das razões do surgimento de outro fenômeno no mundo corporativo, em especial entre os jovens, o chamado *quiet ambition* (algo que pode ser traduzido do inglês como ambição silenciosa ou mesmo pouca ambição). Em suma, caracteriza pessoas que fogem de cargos de gestão. Tanto que a geração Z, isto é, dos nascidos entre 1995 e 2010, demonstra pouco interesse em chegar ao topo da liderança. Como mostrou um levantamento da plataforma canadense Visier, 38% dos participantes almejam se tornar gestor da equipe, enquanto os demais 62% preferem permanecer onde estão.[19] Além disso, apenas 4% dos funcionários consideram importante serem promovidos ao alto escalão.

Entre as principais justificativas apresentadas pelos entrevistados estão a expectativa de aumento de estresse e pressão, a possibilidade de trabalhar por mais horas e a falta de interesse pelas responsabilidades associadas à liderança. O questionamento dessa geração a respeito da maneira como nos relacionamos com o trabalho é tanto que, ao lado do *quiet ambition*, está despontando ainda outro problema, o *quiet quitting*.

---

18 RAMOS, M. Demissões voluntárias batem recorde no Brasil com mais de 7 mi em 2023, mostra levantamento. **CNN**, 15 fev. 2024. Disponível em: www.cnnbrasil.com.br/economia/macroeconomia/demissoes-voluntarias-batem-recorde-no-brasil-com-mais-de-7-mi-em-2023-diz-estudo/. Acesso em: 23 dez. 2024.

19 A LOOMING Succession Problem: New Research Shows Individual Contributors Shun Management in Favor of Free Time. **Visier**. Disponível em: www.visier.com/blog/new-research-individual-contributors-shun-management/. Acesso em: 23 dez. 2024.

AS EMPRESAS ESTÃO COMEÇANDO A PERCEBER QUE RESPONSABILIDADE SOCIAL, OU SEJA, O CUMPRIMENTO DE SEUS DEVERES COM A COMUNIDADE, LÁ FORA, TAMBÉM SIGNIFICA CUIDAR DAS PESSOAS QUE COMPÕEM AS ORGANIZAÇÕES, ALI DENTRO.

A CIÊNCIA DA FELICIDADE NO TRABALHO
@ DENIZESAVI

Trata-se de um movimento criado para incentivar os colaboradores a fazerem rigorosamente apenas o que a descrição de seus cargos contempla, nada mais. Um levantamento nos Estados Unidos mostrou que, por lá, esse movimento já atinge pelo menos 50% da força de trabalho[20] e já é considerado uma ameaça à sucessão das empresas.

Compreensível, principalmente se levarmos em conta os altos índices de burnout mundial, ainda mais na geração anterior, não é mesmo? Mas eu acredito ainda que, por terem crescido vendo os millenials (os nascidos entre 1981 e 1996) reclamarem de chefes e ambientes tóxicos de trabalho, o famoso "bug dos millennials", eles buscam mais equilíbrio entre a vida pessoal e a profissional. O que obviamente está atrelado à felicidade.

Existem várias definições do que significa ser feliz – algo que vamos abordar mais no Capítulo 3 –, e há quem diga que nenhuma delas é universal. A definição da psicóloga Sonja Lyubomirsky, professora da Universidade da Califórnia (Estados Unidos) e autora de *Os mitos da felicidade*,[21] é uma das mais aceitas.[22] Para ela, felicidade é a experiência de contentamento e bem-estar combinada à sensação de que a vida tem sentido e vale a pena.

Como podemos determinar, então, o que é felicidade no trabalho? Gosto do conceito adotado pela Universidade de Berkeley, nos Estados Unidos, que diz se tratar da "percepção de que o tempo no trabalho é bem-vivido com motivação, e de que o que se faz tem valor". Mas é preciso esclarecer que trabalho dá trabalho. Simples assim. As pessoas são contratadas (ou criam o próprio negócio) para resolver problemas. Isso significa que durante o processo há atividades agradáveis, estimulantes, interessantes... e outras nem tanto. Algumas, por sinal, bem árduas. E faz parte do processo também lidar com pessoas difíceis. Está tudo no pacote.

---

20 ROBINSON, B. Quiet ambition: a tendência que ameaça a sucessão das empresas. **Forbes**, 3 out. 2023. Disponível em: https://forbes.com.br/carreira/2023/10/quiet-ambition-a-tendencia-que-ameaca-a-sucessao-nas-empresas/. Acesso em: 23 dez. 2024.

21 LYUBOMIRSKY, S. **Os mitos da felicidade**: o que deveria fazer você feliz, mas não faz; o que não deveria fazer você feliz, mas faz. Rio de Janeiro: Odisseia Editorial, 2013.

22 FURTADO, C. **Feliciência**: felicidade e trabalho na Era da Complexidade. São Paulo: Actual, 2022.

Eu hoje posso dizer que adoro meu trabalho. Amo especialmente a parte em que tenho a chance de conversar com outras pessoas sobre felicidade e desenvolvimento pessoal em palestras ou dinâmicas de grupo. Já a preparação dos conteúdos, por ser mais árdua e exigir muito estudo, suga demais as minhas energias. Também é bastante desafiador, dentro da empresa em que atuo, envolver gestores e líderes no propósito de cuidar das pessoas e colocar felicidade na pauta do trabalho.

Todos os ofícios têm aspectos positivos e negativos – e quem prega por aí que "basta escolher um trabalho que você ama e você não terá que trabalhar um dia sequer" está mal-informado. Partindo dessa premissa de que é normal ter dias bons e ruins no trabalho, um sinal de alerta surge quando as nossas demandas são maiores do que a nossa capacidade de execução, obrigando-nos a trabalhar mais horas do que o previsto para dar conta de tudo. Claro que alguns projetos requerem mais dedicação por um tempo, entretanto ultrapassar o expediente deve ser a exceção, não a regra. Do contrário, o estresse crônico resultante de tamanho esforço pode ser o primeiro degrau (na descida!) para o burnout.

Você pode me perguntar: "E se eu gostar do que faço, qual é o problema de trabalhar mais?". Acontece que amar o trabalho é bem diferente de ser *workaholic*. Quando alguém "vive" só para trabalhar, isso significa que outros aspectos de sua vida que são essenciais para a felicidade – como o autocuidado, só para citar um exemplo – estão sendo negligenciados. Como diz um amigo meu, o escritor Guilherme Krauss: "É colocar o trabalho a favor da vida, não a vida a favor do trabalho".

E essa falta de equilíbrio certamente deixará sequelas, cedo ou tarde. Para piorar, não raro, muitas pessoas tendem a ignorar os sintomas do burnout no começo, percebendo-os somente quando o problema já se instalou. Como na chamada síndrome do sapo fervido. Reza a lenda que, se um sapo for jogado em uma panela de água quente, ele consegue saltar e se salvar imediatamente. Mas, se a água estiver morna, com o fogo baixo, o animal ajusta sua temperatura corporal aos poucos. Quando percebe que está em perigo e tenta fugir, já não tem mais energia e, por fim, morre. Essa metáfora nos ensina que, embora a habilidade da adaptação tenha sido fundamental para a sobrevivência da nossa espécie, ela pode nos impedir de pular fora a tempo, se necessário.

Falta muito para o happy hour?   **35**

Outro ponto de atenção diz respeito às relações no ambiente de trabalho. O famoso estudo sobre felicidade que vem sendo desenvolvido pela Universidade de Harvard desde 1938, o qual retomaremos ao longo deste livro devido ao seu pioneirismo e à sua longevidade, comprovou que a qualidade de nossos relacionamentos é o indicador mais importante de felicidade e saúde à medida que envelhecemos.[23] Sendo assim, o contrário também é verdadeiro. Se estivermos cercados de colegas tóxicos, como aqueles chefes que ainda operam no mindset de comando e controle, dificilmente sairemos ilesos.

ALTO CUSTO

Apesar de o burnout ser o último estágio do esgotamento profissional, o estresse vivenciado no trabalho tem potencial para causar um grande estrago antes mesmo de o funcionário atingir o fundo do poço. Na verdade, mesmo que ele tenha a sorte de nunca chegar a essa situação, o desequilíbrio físico e mental em virtude da labuta diária pode comprometer as relações pessoais dentro e fora do trabalho. Quem nunca entrou pela porta de casa, após um dia cheio de altos e baixos, e brigou com o marido ou o filho (às vezes, sobra até para o cachorro!) por motivos que provavelmente passariam despercebidos em outro momento?

Além do mais, está amplamente comprovado que o estresse crônico afeta os sistemas do organismo como um todo: respiratório, cardiovascular, gastrointestinal, imunológico e assim por diante.[24] Viver sob tensão, em suma, aumenta o grau de inflamação no corpo. De maneira resumida, funciona assim: diante de uma situação estressante, o cérebro "ordena" às glândulas suprarrenais a produzirem o hormônio cortisol. Ele é necessário para estimular o organismo a "fugir", "lutar" ou mesmo "paralisar" para se defender. Como resposta, há um aumento no fluxo sanguíneo e nos batimentos

---

23 MARTINS, A. A chave para a felicidade, segundo o maior estudo já feito sobre o assunto. **BBC News Brasil**, 24 fev. 2023. Disponível em: www.bbc.com/portuguese/articles/cxe3pgjzj3no. Acesso em: 23 dez. 2024.

24 ZAFAR, M. S. *et al.* Impact of stress on human body: a review. **European Journal of Medical and Health Sciences**, v. 3, n. 3, p. 1-7, 2021. Disponível em: www.ej-med.org/index.php/ejmed/article/view/821. Acesso em: 23 dez. 2024.

QUANDO ALGUÉM "VIVE" SÓ PARA TRABALHAR, ISSO SIGNIFICA QUE OUTROS ASPECTOS DE SUA VIDA QUE SÃO ESSENCIAIS PARA A FELICIDADE ESTÃO SENDO NEGLIGENCIADOS.

A CIÊNCIA DA FELICIDADE NO TRABALHO
@ DENIZESAVI

cardíacos, além da dilatação das pupilas e da transpiração. Trata-se, portanto, de um mecanismo natural que era muito importante no tempo das cavernas para os seres humanos reagirem e sobreviverem aos perigos do dia a dia. O problema é que, em excesso, o estresse pode causar um desequilíbrio hormonal e, por consequência, elevar o risco dos problemas de saúde citados.

Se naquela época havia a ameaça constante de ataque de predadores e inimigos, e o risco de perder território, ou faltar caça e vegetais, hoje não precisamos mais enfrentar tribos inimigas nem fugir de animais ferozes. Porém vivemos assoberbados, administrando mil coisas ao mesmo tempo e tendo que dar conta. Um passo em falso pode significar a perda do emprego ou, para quem é empreendedor, o fim de um negócio. Isso sem falar da sobrecarga mental por estarmos o tempo todo expostos a muitos estímulos. Essa profusão de informações – violência urbana, acidentes de avião, epidemias, ataques terroristas... – faz a nossa intuição acreditar que o mundo é muito mais perigoso do que de fato é. Somado a tudo isso, o ambiente corporativo tem sido apontado em muitas pesquisas como propulsor de estresse crônico.

A infelicidade no trabalho tem, portanto, um alto custo físico e emocional. Por essas razões, em vez de indagar quanto custa investir na felicidade dos colaboradores, a psicóloga e pesquisadora Carla Furtado (*in memoriam*), fundadora do Instituto Feliciência, fez uma sugestão em seu livro. Que tal mudar o foco e perguntar: quanto custa não investir? E respondeu:

> Estamos adoecendo, e o trabalho é o pano de fundo do sofrimento psíquico contemporâneo. Tanto que um dos principais desafios corporativos desta década é o enfrentamento à escalada de transtornos mentais e comportamentais. A depressão, sozinha, atinge cerca de 300 milhões de pessoas no mundo e já é a doença mais incapacitante para a vida laboral. Em 2030, o custo mundial do adoecimento mental deverá alcançar a casa dos **US$ 6 trilhões em todo o mundo**, mais que o dobro de 2010. Cerca de ⅔ desses valores correspondem à perda de dias de trabalho.[25]

___
25 FURTADO, C. *op. cit.* p. 7.

Em contrapartida, já estão começando a despontar alguns números para provar que a saúde mental dos colaboradores também pode gerar lucros para a empresa – o chamado ROI (sigla para *return on investment*, isto é, retorno sobre investimento). De acordo com a Organização Mundial da Saúde (OMS),[26] cada 1 dólar investido no tratamento da depressão e da ansiedade traz um retorno de 4 dólares por meio de melhorias tanto na performance quanto na saúde do paciente.

Colaboradores desmotivados também são menos produtivos. As evidências corroboram que, à medida que os níveis de felicidade aumentam, a criatividade, a inovação, o engajamento e a produtividade crescem na mesma toada.[27] Tudo bem que o bem-estar no trabalho envolve não apenas aumentar a produção, mas também tornar o negócio sustentável a longo prazo. Uma conversa para a qual muitos empregadores ainda não estão preparados, mas nós estamos e vamos falar a respeito disso nos próximos capítulos.

Existe um grande descompasso na rotina dos trabalhadores do século XXI. De um lado, sonhamos com um ofício que gere satisfação (com uma gratificação justa, evidentemente). Do outro, temos de lidar com o peso no qual ele se transformou. Inúmeras forças contrárias nos fazem crer que não há outro jeito. Mas eu conheço uma saída, sim. Dedicamos grande parte da vida ao trabalho: algumas estatísticas sugerem que são três quartos do tempo que passamos acordados, enquanto outras falam em 90 mil horas ao longo de nossa existência.[28] Se tomarmos como base o período mínimo de contribuição exigido para a aposentadoria, são pelo menos três décadas.

Seja como for, se estivermos insatisfeitos com o trabalho, estaremos insatisfeitos na maior parte da vida. E como nos alerta Mário Quintana no

---

26 CHISHOLM *et al.* Scaling-up Treatment of Depression and Anxiety: a Global Return on Investment Analysis. **The lancet. Psychiatry**, v. 3, n. 5, p. 415-424, 2016. Disponível em: https://doi.org/10.1016/S2215-0366(16)30024-4. Acesso em: 23 dez. 2024.

27 BEN-SHAHAR, T. **Seja mais feliz, aconteça o que acontecer**. São Paulo: Globo, 2022.

28 MOSS, J. *op. cit.*

poema "O tempo",[29] muitas vezes ele passa despercebido. "Quando se vê, já são seis horas! Quando se vê, já é sexta-feira! Quando se vê, já é Natal... Quando se vê, já terminou o ano...". Não dá mais para esperar pelo happy hour para ser feliz.

---

29 QUINTANA, M. **Antologia poética**. Rio de Janeiro: Alfaguara, 2015.

SE ESTIVERMOS INSATISFEITOS COM O TRABALHO, ESTAREMOS INSATISFEITOS NA MAIOR PARTE DA VIDA.

A CIÊNCIA DA FELICIDADE NO TRABALHO
@ DENIZESAVI

CAPÍTULO 2:
QUANDO VAI CHEGAR A MINHA VEZ DE SER FELIZ?

Para muitas pessoas, a rotina consiste em cumprir um checklist diário, seja no trabalho, seja em casa ou na comunidade. A vida se resume a uma lista de obrigações, quer queiram, quer não. Acordar, fazer o café, ir para o trabalho, participar de uma reunião que poderia ter sido um e-mail, almoçar com os colegas, trabalhar mais, voltar para casa, pegar trânsito, pedir delivery, se jogar no sofá e começar tudo de novo no dia seguinte.

Talvez você tenha se identificado com essa rotina, ou parte dela. Se tem filhos, ainda mais tarefas são adicionadas a essa agenda. Pode ser que você não veja incômodo nisso. Afinal, como disse Bilbo Bolseiro no filme *O senhor dos anéis*, baseado na obra do escritor J. R. R. Tolkien, "não há nada de errado em celebrar uma vida simples".[30] Mas viver com simplicidade é bem diferente de ficar no piloto automático, concorda? Ou seja, de passar o dia esperando o fim do expediente. A semana esperando o fim de semana. O ano esperando as férias. Com a sensação de que não está vivendo, apenas sobrevivendo. Sem perceber que, ao torcer para o dia acabar, está torcendo para a vida acabar mais rápido também. Em suma, viver a vida deixando de vivê-la.

Qual é o significado de ter uma existência plena, então? São muitos, assim como o conceito de felicidade. Também variam de pessoa para pessoa. Para mim, a primeira coisa é "desligar" esse piloto automático e assumir o controle da sua "embarcação". É ter consciência de suas ações. É estar presente. É fazer escolhas com intenção. É, na medida do possível, equilibrar as suas obrigações com o lazer, para conseguir se dedicar integralmente não apenas ao trabalho, mas também à sua família e – por que não? – a si mesmo.

---

30 O SENHOR dos anéis: a sociedade do anel. Direção: Peter Jackson. EUA: New Line Cinema, 2001 (178 min).

Ok, falar é fácil. Todo mundo quer ser feliz. Provavelmente seja a única coisa que todo ser humano deste planeta busca. Mas como ser feliz dentro desse estilo de vida frenético que a sociedade impõe? Com tantas metas surreais para bater, caixas de e-mails lotadas, notificações vinte e quatro horas por dia, boletos a pagar e sonhos que ficam pelo caminho? Diante de rotinas lotadas, acordamos às pressas e vamos logo engatando a terceira marcha para dar conta de tudo. Descansar está fora de cogitação.

Contudo, não custa lembrar, o descanso é essencial para o funcionamento físico e mental do organismo.[31] A baixa qualidade do sono, em particular, afeta atividades corriqueiras, mesmo as mais simples. O que atrapalha o rendimento em geral (nos estudos, nos esportes, no trabalho...) e tem impacto social e econômico no longo prazo. Isso sem falar que dormir pouco e mal está relacionado a taxas mais elevadas de doenças como hipertensão, diabetes, problemas cardiovasculares e depressão. Descansar não é um luxo, e sim uma necessidade humana básica. Até as máquinas precisam ser desligadas para manutenção.

Para o psicólogo e estudioso de felicidade Tal Ben-Shahar, o estresse tem o seu lado positivo, pois é potencialmente bom para o organismo. Afinal, ele aciona o sistema antifrágil do corpo – aquele conceito que discutimos no início do livro, que tem o dom de nos deixar mais fortes diante das adversidades. O estresse, segundo o autor, sempre existiu e, por isso, nos tornamos muito bons em lidar com ele. "Apenas pense em todos os pequenos incêndios que você apaga habilmente todos os dias", escreve Ben-Shahar em *Seja mais feliz, aconteça o que acontecer*. "No entanto, a diferença entre a vida contemporânea e a vida há milhares de anos é que os humanos costumavam ter mais tempo para se recuperar. Hoje, estamos 'ligados' o tempo todo e com as agendas familiar e profissional lotadas", ressalta.[32]

O argumento usado – e aceito – pela maioria das pessoas para justificar essa labuta incessante é exatamente este: o aumento das demandas.

---

31 BARROS, M. B. DE A. *et al*. Quality of Sleep, Health and Well-being in a Population-Based Study. **Revista de Saúde Pública**, v. 53, p. 82, 2019. Disponível em: doi.org/10.11606/s1518-8787.2019053001067. Acesso em: 26 dez. 2024.

32 BEN-SHAHAR, T. **Seja mais feliz, aconteça o que acontecer**. Rio de Janeiro: Principium, 2022.

Os empresários Jason Fried e David Hansson, fundadores do software de gestão de projetos Basecamp, do Vale do Silício, escolheram o caminho do meio. A região onde estabeleceram seu negócio é famosa por abrigar inúmeras startups e empresas globais de tecnologia, assim como pelos expedientes intermináveis. "Para piorar, a rotina de longas horas, estar sempre ocupado e dormir pouco acabou virando motivo de orgulho", lamentam.[33]

Fried e Hansson garantem, entretanto, que são uma organização lucrativa exatamente pelo contrário: ali só é permitido trabalhar quarenta horas por semana, para que os colaboradores possam dedicar o resto do tempo a outras atividades igualmente relevantes. E quando alguém diz que esse número não é o suficiente, eles apresentam uma lista com casos de sucesso que corroboram essa escolha:

» Charles Darwin, o naturalista e cientista britânico que escreveu *A origem das espécies* e revolucionou as ciências com a teoria da evolução biológica por seleção natural, costumava trabalhar apenas quatro horas por dia.

» A *showrunner* Shonda Rhimes, à frente de séries mundialmente conhecidas, como *Grey's Anatomy*, *Scandal* e *Bridgerton*, não atende telefonemas nem responde e-mails depois das 19 horas e nos fins de semana.

» O físico Stephen Hawking encorajava seus alunos a investirem energia em atividades além dos estudos, tais como ouvir música e passear com os amigos.

Esses exemplos comprovam que "se matar" de trabalhar não quer dizer ser eficiente nem produtivo na mesma proporção. Como traz o dito: tome cuidado com o vazio de uma vida ocupada demais![34]

---

33 FRIED, J.; HANSSON, D. **O trabalho não precisa ser uma loucura**. Rio de Janeiro: HarperCollins, 2020.

34 CHURCH MISSIONARY INTELLIGENCER AND RECORD. Reino Unido: Church Missionary Society, v. 53, 1902. p. 811.

O CICLO DA DOPAMINA

Cada um faz o que pode para cumprir o seu checklist de compromissos diários. Uma alternativa que agrada a muitos para aguentar esse fardo no qual o trabalho se transformou é o consumo desenfreado, às vezes até compulsivo. Por consumo, não considere somente fazer compras no shopping. Pode ser uma comida especial depois de um dia estressante, uma roupa nova de que você nem estava precisando, um drink (ou vários) para relaxar a mente e esquecer os problemas... Ficar horas entretido com as telas em um *scroll* infinito também é uma maneira comum de buscar e receber prazer imediato. Só nas redes sociais, por exemplo, os brasileiros passam em média três horas e trinta e sete minutos conectados todos os dias.[35]

Esses "escapes" funcionam como mecanismos de compensação que acreditamos merecer por mais uma semana "daquelas". *Mas desde quando sentir prazer é algo ruim, Denize?* Não é! Eu também acho uma delícia me distrair com vídeos engraçados na internet. Muitas vezes, porém, eles podem nos roubar um tempo precioso sem que percebamos. Conhece aquela máxima, "a diferença entre o remédio e o veneno é a dose"? A psiquiatra americana Anna Lembke, professora na School of Medicine e chefe da Addiction Medicine Dual Diagnosis Clinic, ambas da Universidade Stanford (Estados Unidos), explica a relação entre prazer e sofrimento em nível cerebral no livro *Nação dopamina*.[36]

A dopamina, de acordo com a autora, é um dos neurotransmissores mais importantes envolvidos no processo de gratificação do cérebro. Uma vez que os neurônios se comunicam entre si por meio de sinais elétricos e neurotransmissores, as chamadas sinapses, os neurotransmissores são responsáveis por conectar a distância entre os neurônios e, assim, regular os sinais elétricos do cérebro. Até aí, tudo bem. Esse processo de recompensa consiste em um sistema antigo, em termos evolutivos, com o intuito de nos motivar a buscar alimento ou sexo, por exemplo. Existe até mesmo em animais que não são

---

35 BUONO, L.; SOUZA, R. Brasileiro passa o quádruplo de tempo do japonês nas redes sociais. **Piauí**, 15 fev. 2024. Disponível em: https://piaui.folha.uol.com.br/brasileiro-passa-o-quadruplo-de-tempo-do-japones-nas-redes-sociais/. Acesso em: abr. 2024.

36 LEMBKE, A. **Nação dopamina**: por que o excesso de prazer está nos deixando infelizes e o que podemos fazer para mudar. São Paulo: Vestígio, 2022.

mamíferos, como as abelhas. A dopamina também está relacionada a outras funções do organismo, como o sono, o aprendizado... e o vício.

"Quando usamos ou fazemos algo que nosso cérebro identifica como importante para a sobrevivência, ele libera muita dopamina de uma só vez, e a sensação é boa", afirma a autora, ao que complementa: "Com a repetição constante, o cérebro tenta acomodar o aumento diminuindo a produção e transmissão da dopamina, o que resulta num déficit crônico". E então acrescenta que "ficamos inquietos com o desejo de usar a droga, para evitar nos sentir miseráveis – em suma, voltar a níveis saudáveis de dopamina. É esse mecanismo que impulsiona aquele desejo de assistir a mais um vídeo no TikTok, por exemplo".[37]

Esse ciclo de dopamina não vai transformar todos nós em viciados, longe disso. A pesquisadora alerta, todavia, para a abrangência que o consumo conquistou em nossas vidas. Temos de trabalhar mais para consumir mais – sejam objetos, comidas, redes sociais, jogos etc. –, e ao mesmo tempo deixamos de apreciar as coisas singelas. Pense bem, quando foi a última vez que você curtiu um pôr do sol?

Além disso, quando descompensado, esse mesmo mecanismo de gratificação também afeta a maneira como lidamos e/ou aguentamos o sofrimento, pois o cérebro, na maior parte da história da humanidade, viveu em um mundo de escassez. Essa exposição exagerada e prolongada a estímulos prazerosos imediatos está interferindo na nossa tolerância à dor. "Talvez o motivo de estarmos todos tão infelizes seja porque estamos dando duro para evitar sermos infelizes", conclui Lembke, em *Nação dopamina*.[38]

A VIDA NÃO TEM CONTROLE REMOTO

No filme *Click*,[39] comédia estrelada pelo ator Adam Sandler em 2006, o personagem principal é Michael Newman, um arquiteto frustrado com a profissão. Certo dia, ao comprar um controle remoto universal, ele descobre que o

---

37 ANNA Lembke, de 'Nação dopamina': "A internet é uma droga". **Veja**, 13 out. 2023. Disponível em: https://veja.abril.com.br/paginas-amarelas/anna-lembke-de-nacao-dopamina-a-internet-e-uma-droga. Acesso em: 26 dez. 2024.

38 LEMBKE, A. *op. cit.*

39 CLICK. Direção: Frank Coraci. EUA: Columbia Pictures, 2006 (107 min).

Quando vai chegar a minha vez de ser feliz?   47

aparelho lhe dá o poder de diminuir o volume e adiantar os acontecimentos de sua própria vida. A princípio, parece uma boa ideia, já que ele consegue ascender profissionalmente com a ajuda do controle remoto. E também o utiliza para avançar as partes difíceis. Ao final de sua vida, compreende que perdeu momentos importantes, porque o trabalho lhe custou sua saúde e sua família.

Podemos tirar várias lições desse filme que, por sua simplicidade em tratar temas delicados com humor, fez tanto sucesso na época. A primeira delas é a importância do equilíbrio entre todos os setores da vida, assim como das relações humanas, para uma existência plena. Além disso, fugir da realidade prejudica, e muito, o nosso desenvolvimento em todos os sentidos: pessoal, profissional e espiritual. Ao buscar o prazer e evitar a dor a todo custo, Michael se tornou um homem superficial, sozinho e ausente em sua própria vida.

Por fim, mais uma mensagem pertinente de *Click*: o protagonista dedicou a sua existência ao trabalho, acreditando que, quando chegasse ao topo, seria realmente feliz. Mas não foi o que aconteceu. Isso ocorre não apenas com o "emprego dos sonhos", como também com outras (pequenas e grandes) conquistas. Do carro do ano à casa na praia, não raro, os seres humanos tendem a imaginar que só serão felizes quando tiverem tudo o que sempre desejaram. Não vou nem discutir a relação entre dinheiro e felicidade, porque isso é um assunto para mais adiante. Desde já, no entanto, quero enfatizar um conceito bastante difundido pela Ciência da Felicidade e pela Psicologia Positiva: a adaptação hedonista.

Trata-se de um fenômeno caracterizado pela nossa facilidade em nos adaptarmos a novidades, como relacionamentos, empregos e bens materiais.[40] Na mitologia grega, Hedonê era a deusa relacionada ao prazer. Por isso, seu nome deu origem a uma corrente da Filosofia, que também surgiu na Grécia Antiga, baseada na busca pelo prazer e na negação do sofrimento.[41] Mas esse processo de adaptação também acontece após eventos ruins.

---

40 LYUBOMIRSKY, S. *op. cit.*

41 MENEZES, P. Hedonismo. **Toda Matéria**. Disponível em: www.todamateria. com.br/hedonismo/. Acesso em: 26 dez. 2024.

Portanto, depois de experimentarmos certas mudanças, sejam positivas ou negativas, como receber uma promoção ou perder o emprego, por exemplo, voltamos ao nível de felicidade anterior ao acontecimento, ou seja, a um estado padrão, neutro. Muitas pessoas passam por isso e, com o tempo, se adaptam. De uma maneira ou de outra, a vida segue o seu percurso. Alguns demoram mais para se recuperar de um baque, há quem jamais consiga se refazer, mas a maior parte de nós se torna mais resiliente com os reveses da vida.

O lado bom da adaptação hedonista, de acordo com a psicóloga Sonja Lyubomirsky,[42] é que estamos sempre nos esforçando para nos superar. O que foi responsável em parte pelo progresso da humanidade. Já pensou se tivéssemos nos contentado com morar em cavernas e viver da caça e da coleta? Mas, cuidado, essa tendência em querer sempre mais pode se tornar um obstáculo para a felicidade, adverte a especialista. Isso, porque vamos alcançando cada vez menos prazer e satisfação com nossas conquistas. E as expectativas só aumentam. Então, embora elas nos motivem na busca por realizações e nos mostrem se estamos ou não progredindo, temos de aprender a gerenciá-las para diminuir as nossas frustrações.

Tal Ben-Shahar concorda. "As expectativas têm um papel-chave na felicidade. A mais perigosa é acreditar que se pode estar constantemente na crista da onda. A obsessão por ser feliz o tempo todo faz as pessoas se sentirem péssimas", ensina.[43] E quem supôs que as redes sociais pioram esse cenário acertou. "Quando sentimos tristeza ou ansiedade, essas imagens (caras sorridentes, corpos perfeitos, relacionamentos idílicos, trabalhos maravilhosos) reforçam a ideia de que estamos fazendo algo de errado. Mas nada disso é real, todos vivemos numa montanha-russa emocional", completa Ben-Shahar. Essa verdadeira obsessão pela felicidade movimenta muito dinheiro: de acordo com um relatório do Global Wellness Institute, a indústria do bem-estar lucra cerca de 5 trilhões de dólares ao

---

42 LYUBOMIRSKY, S. *op. cit.*

43 MENÁRGUEZ, A. "A obsessão por ser feliz o tempo todo faz as pessoas se sentirem péssimas". **El País**, 5 out. 2019. Disponível em: https://brasil.elpais.com/brasil/2019/10/03/estilo/1570124407_210391.html. Acesso em: 26 dez. 2024.

ano.[44] E até 2027 é esperado um crescimento adicional de 57%, atingindo 8,5 trilhões de dólares (algo em torno de 52 trilhões de reais).

É preciso aceitar que a felicidade não é composta apenas de momentos felizes. Mas da construção de uma jornada repleta de desafios e conquistas. Em vez de desejar estar bem o tempo todo, o caminho mais sustentável é aprender a lidar com os momentos difíceis. Isso inclui autoconhecimento, saber se relacionar, fazer escolhas conscientes e evitar entrar no ciclo da dopamina anestesiando-se em redes sociais e em outras armadilhas. Quanto mais tentamos fugir da dor e quanto mais vícios adquirimos, mais superficiais e vazios nos tornamos, e isso tem um impacto significativo na nossa rotina, em especial no trabalho.

É preciso ver o trabalho como fonte de significado (algo de que vamos falar mais adiante). Além disso, ele é o meio para que alcancemos muitas coisas. Aproveitar a jornada, no fim das contas, diz muito sobre ser feliz no trabalho.

Se condicionamos a nossa felicidade a um ideal a que se chegar, talvez nunca a alcancemos. Ainda mais vivendo no piloto automático. Por isso, é tão importante celebrar as pequenas conquistas. Valorizar a caminhada em vez de só a chegada. A felicidade é uma viagem, não um destino final. E essa trajetória não acontece em linha reta: ora estamos lá em cima, ora estamos lá embaixo, como se fosse um eletrocardiograma – se ficar em linha reta, vai dar ruim. O mais importante é continuar em movimento.

---

44 HOWLAND, K. 'We're sedating women with self-care'. **The Guardian**, 1 nov. 2023. Disponível em: www.theguardian.com/wellness/2023/nov/01/wellness-industry-healthcare-women-stress. Acesso em: 26 dez. 2024.

APROVEITAR A JORNADA, NO FIM DAS CONTAS, DIZ MUITO SOBRE SER FELIZ NO TRABALHO.

A CIÊNCIA DA FELICIDADE NO TRABALHO
@ DENIZESAVI

CAPÍTULO 3:
A ERA DA HIPERPRODUTIVIDADE TÓXICA

Vivemos a era da hiperprodutividade, na qual o alto desempenho é pré-requisito básico. A preocupação focada apenas em metas e resultados, como descreve o filósofo sul-coreano Byung-Chul Han no famoso ensaio *Sociedade do cansaço*,[45] nos torna carrascos de nós mesmos. E essa autocobrança exacerbada para obter sucesso no trabalho, a todo custo, leva a um esgotamento mental e físico. Ou, nas palavras de Han, a um "infarto da alma".

A sensação é de que tudo é "para ontem" e nada pode esperar. Já não conseguimos mais diferenciar o que é urgente do que é realmente importante. Algumas pesquisas mostram, inclusive, que tendemos a priorizar tarefas com prazos mais curtos, mesmo que elas não sejam as mais compensadoras.[46]

Mas será mesmo que precisamos fazer tudo na velocidade da luz? Interromper o jantar em família para responder um e-mail ou WhatsApp que o celular acabou de notificar? Postergar exames médicos por não encontrar tempo livre na agenda? Abandonar as atividades físicas? E, ainda assim, chegar ao fim do dia com a impressão de que não cumpriu tudo o que deveria, mesmo depois de ter eliminado tantas coisas da lista?

Podemos até tentar. Porém a cultura multitarefas é agravada pela positividade tóxica das redes sociais, que se alimenta de discursos motivacionais. Frases como "trabalhe enquanto eles dormem", "todo mundo tem as mesmas vinte e quatro horas" ou "só depende de você" pipocam como mantras na internet. Mas são, na verdade, mensagens nocivas que nos levam a acreditar que, trabalhando horas e horas, sacrificando o lazer e o

---

45 HAN, B-C. *op. cit.*

46 BOYES, A. How to Focus on What's Important, Not Just What's Urgent. **Harvard Business Review**, 3 jul. 2018. Disponível em: https://hbr.org/2018/07/how-to-focus-on-whats-important-not-just-whats-urgent. Acesso em: 26 dez. 2024.

descanso, vamos alcançar nossos objetivos profissionais e pessoais. É isso que aprendemos com a sociedade do desempenho.

Esse processo é tão severo que perdemos a capacidade de relaxar, de viver o ócio. E muitas empresas se aproveitam desse discurso com uma narrativa meritocrática de que o *work hard* vale a pena porque há uma recompensa para aqueles que se doam além da conta e superam as metas. Mas esse cenário em que tudo é possível – desde que nos esforcemos o suficiente – gera frustração, pois nos faz crer na enganação de que todo mundo dá conta, menos nós mesmos. Isso sem falar nos prejuízos à saúde mental e física.

Quando o cérebro e o corpo não descansam, há um aumento do estresse, que pode levar à irritabilidade, à ansiedade, à depressão, ao declínio cognitivo... O que invariavelmente acarreta perda de produtividade. Se trabalhar muito fosse garantia de realizar sonhos, as milhões de pessoas que trabalham arduamente longos períodos por dia – acordando às 5 horas, levando duas horas para chegar ao trabalho entre ônibus, trem, metrô, voltando para casa muito tarde e, inclusive, trabalhando nos fins de semana – estariam ricas.

Essa positividade tóxica disseminada por meio de falas de encorajamento motivacional, ditas muitas das vezes por "gurus da internet", além de nos condicionar à hiperprodutividade, acelera o desejo de consumo por coisas muitas vezes desnecessárias que compramos com o intuito de pertencer, ou seja, de fazer parte de um grupo social – no caso, o das pessoas bem-sucedidas. Consumimos por status ou meramente para sentir prazer, já que o ato da compra induz o cérebro à produção de dopamina, neurotransmissor associado à sensação de recompensa, como você viu no capítulo anterior. Comprar algo para si mesmo é um ato prazeroso e pode dar a impressão de "aumentar" a autoestima, mesmo que ilusoriamente. Ou seja, uma coisa retroalimenta a outra. Trabalhamos mais para consumir mais.

Não é de se surpreender que as redes sociais tenham se transformado em vilãs das finanças. Um estudo recente feito pelo Instituto Locomotiva[47]

---

47 BOND, L. A cada dez brasileiros, oito estão endividados, mostra pesquisa. **Agência Brasil**, 7 dez. 2023. Disponível em: https://agenciabrasil.ebc.com.br/economia/noticia/2023-12/cada-dez-brasileiros-oito-estao-endividados-mostra-pesquisa. Acesso em: 26 dez. 2024.

com inadimplentes no Brasil mostrou que elas incentivam cerca de 23% dos participantes a terem comportamentos que afetam suas contas no fim do mês – uma influência até mesmo maior do que a exercida pelos cônjuges (citados por apenas 10% das pessoas).

Outro dado assustador, que entrou nesse cálculo, são as apostas on-line. Um estudo da Confederação Nacional do Comércio de Bens, Serviços e Turismo (CNC), feito entre junho de 2023 e junho de 2024, aponta que os consumidores gastaram cerca de 68,2 bilhões de reais em apostas, o que representa 0,62% do PIB e 22% da massa salarial.[48]

E para dar conta do consumo e das dívidas geradas pelo descontrole financeiro, muitos de nós trabalhamos mais, fazemos horas extras, arrumamos mais um emprego ou mais um bico aqui e ali. Para além disso, há, também, a crença simplista de que trabalhar duro é igual a realizar sonhos. E, ao acreditarmos que é preciso ser hiperprodutivo o tempo todo, entramos em um modo de vida automático e vivemos como um rato de laboratório que corre sem parar dentro de uma roda tentando escapar, ou seja, cansados e sem chegar a lugar nenhum. Estamos presos a essa ideia de que ninguém pode parar. Afinal, descansar é perda de tempo, e tempo é dinheiro. Por falar em ratinhos, o premiado curta-metragem de animação *Happiness* (felicidade, em português),[49] do ilustrador inglês Steve Cutts, conta bem essa história.

No filme, os ratos representam os seres humanos e, como eles, vivem às pressas para aplacar seus desejos materiais. Metrôs, ruas e comércios são emoldurados por inúmeros outdoors. Os anúncios fazem referência a marcas de cigarro, fast-food, álcool, cartões de crédito, entre outras. Curiosamente, entretanto, todos os produtos oferecidos têm o mesmo nome: felicidade. Só que nada disso os sacia. No final, como se poderia imaginar, aos ratinhos não resta alternativa a não ser os remédios que "curam" a

---

48 RODRIGUES, L. Estudo da CNC aponta que bets causam prejuízo bilionário ao comércio. **Agência Brasil**, 28 set. 2024. Disponível em: https://agenciabrasil. ebc.com.br/economia/noticia/2024-09/estudo-da-cnc-aponta-que-bets-causam-prejuizo-bilionario-ao-comercio. Acesso em: 26 dez. 2024.

49 HAPPINESS. 2017. Vídeo (4min16s). Publicado pelo canal Steve Cutts. Disponível em: www.youtube.com/watch?v=e9dZQelULDk. Acesso em: 26 dez. 2024.

ansiedade e a tristeza que vêm do vazio de uma vida ocupada demais. Tudo em excesso, nada em essência. E assim, seguem subsistindo nos escritórios, nos quais os computadores se parecem com ratoeiras. Alguém se identificou?

O que acontece é que essa dinâmica, à qual estamos aprisionados, nos escraviza, pois no fim do dia nunca estamos satisfeitos e quando outro dia começa também não estamos totalmente recuperados, e vivemos constantemente cansados. Como fuga, buscamos sentir prazer, satisfazendo desejos de consumo (pois o consumo nos anestesia). É um círculo vicioso sem fim. E assim vamos perdendo, aos poucos, a nossa capacidade de *ser humano*. Nós nos desconectamos daquilo que é essencial à vida: nossas relações profundas, a contemplação, o ócio... E os substituímos por sucesso, bens materiais, prazeres... Vivemos a modernidade líquida, conceito desenvolvido pelo sociólogo polonês Zygmunt Bauman[50] que diz respeito a uma era em que as relações são frágeis e superficiais, e a realidade é manipulada.

VIDAS EDITADAS

Quero contar um segredo: essa felicidade que o mundo vende (e não é de hoje) na mídia, na publicidade, na cultura etc. não existe. Assim como a vida perfeita das pessoas nas redes sociais: é uma ilusão. Como falei, são apenas recortes; isto é, partes editadas de um todo, que certamente também engloba fracassos, doenças, separações... Ninguém sorri o tempo inteiro. Você acha que a grama do vizinho é mais verde do que a sua, quando, na verdade, ela é de plástico.

O psicólogo e escritor Rossandro Klinjey ressalta que não é só no Instagram que os filtros são aplicados. No aparador, na parede, na estante, na mesa do escritório... só colocamos retratos de momentos felizes, como o dia do casamento, a festa de 15 anos, as férias na praia, ou aquela foto bem-produzida tirada com fotógrafo. Como ilustra Klinjey, ninguém tira foto (e muito menos emoldura) da consulta em que recebeu o diagnóstico de câncer, não é mesmo? "Nós editamos vidas", resume. "Comparar o

---

50 BAUMAN, Z. **Modernidade líquida**. Rio de Janeiro: Zahar, 2021.

seu filme cru, repleto de erros de gravação, aos filmes editados para os espetáculos dos outros só constrói culpa, remorso e infelicidade." E ele complementa: "Passar todo o tempo olhando a fotografia que saiu feia sem se embelezar pelas outras fotos que deram certo, também".[51] Não poderia concordar mais. No fundo, estamos todos vivendo a mesma loucura. Tentando dar conta de tudo para ter uma "vida perfeita", e não fazendo (quase) nada direito.

Paralelamente, o fato de a felicidade ser tratada como mercadoria, seja na mídia, seja na publicidade ou nas redes sociais, também gera desconfiança. Um fenômeno que Jennifer Moss, expert na implementação da felicidade no local de trabalho, chama de "saturação da felicidade". Percebo isso nas palestras e dinâmicas de grupo que realizo Brasil afora, nas interações com empregadores e colaboradores. Em um primeiro momento, muitos torcem o nariz para a Psicologia Positiva, por confundi-la com a positividade tóxica. Todavia, a base da Ciência da Felicidade é fundamentada em décadas de rigor científico.

Já vi isso acontecer antes com o conceito de gratidão. Há diversas pesquisas que comprovam a importância da gratidão para a saúde física e mental (e eu diria espiritual também). Escrever listas com coisas pelas quais somos gratos ao longo de nove semanas, por exemplo, resulta em maiores taxas de felicidade e menos doenças físicas.[52] Entretanto, hoje em dia, esse sentimento é visto de modo pejorativo por muita gente graças à propagação de hashtags como #gratiluz e #goodvibesonly [só energias positivas, em tradução livre]. No mundo virtual, os termos são rapidamente banalizados, ainda que boa parte das pessoas não conheça seu real significado. Temo que o conceito de felicidade esteja seguindo o mesmo caminho.

Nós aprendemos a criar uma expectativa de que a felicidade é encontrada quando atingimos uma vida de sucesso, o que na nossa sociedade

---

51 ROSSANDRO KLINJEY. [**Não é só no Instagram que os filtros são aplicados**]. 23 fev. Instagram: rossandroklinjey. Disponível em: www.instagram.com/reel/C3tITpUvLW-/. Acesso em: 23 dez. 2024.

52 MOSLEY, M. Por que sentir gratidão faz bem à saúde. **BBC Brasil**, 11 jun. 2021. Disponível em: www.bbc.com/portuguese/geral-57767232. Acesso em: 26 dez. 2024.

(ao menos na maior parte dela) significa status, fama, dinheiro, poder. Essa expectativa quase nunca é alcançada, gerando a angústia que muitas pessoas sentem ao chegarem à vida adulta. Mas que, na realidade, é decorrente de um vazio interno motivado por uma inquietação em relação ao sentido da vida.

Aprendemos a fugir da dor preenchendo o vazio com coisas ou experiências nocivas. Não fomos educados a olhar para dentro de nós a fim de buscar a nossa verdadeira essência. Esse preenchimento do vazio com objetos materiais ou vícios causa prazer e alivia momentaneamente a ansiedade. Mas, ao tentarmos escapar do sofrimento, fugimos da realidade, ou seja, fugimos da própria vida. Nós nos desconectamos de nós mesmos. Somos testemunhas da era dos excessos. Muita coisa, pouca humanidade.

O resultado, como você deve imaginar ou até mesmo sentir na própria pele, é a proliferação de sintomas mentais, como ansiedade e depressão, entre outros. A maior e mais recente revisão sobre saúde mental realizada pela OMS aponta que 1 bilhão de pessoas sofrem com transtornos mentais no mundo.[53] Além disso, cerca de 15% dos adultos em idade laboral já apresentam algum transtorno mental. Para a OMS, o trabalho pode amplificar questões como discriminação, assédio moral e desigualdade, influenciando, assim, a saúde mental em locais de trabalho no mundo inteiro.

Ainda de acordo com o mesmo relatório, o suicídio foi responsável por mais de uma em cada cem mortes no planeta – sendo que 58% dos suicídios ocorreram antes dos 50 anos. Pessoas com condições graves de saúde mental morrem em média de dez a vinte anos mais cedo do que a população em geral, principalmente devido a doenças físicas evitáveis.

BRASIL NA BERLINDA

Como já se podia imaginar, os índices de doenças mentais cresceram e muito após a pandemia da covid-19. Só no primeiro ano da maior crise sanitária

---

53 1 BILHÃO de pessoas vivem com algum transtorno mental, afirma OMS. **ONU News**, 17 jun. 2022. Disponível em: https://news.un.org/pt/story/2022/06/1792702. Acesso em: 26 dez. 2024.

do século, a OMS aponta um aumento de 25% de ansiedade e depressão em todo o planeta.

Por aqui, 5,8% da população sofrem de depressão, o equivalente a 11,7 milhões de brasileiros.[54] Isso significa que somos o povo mais depressivo da América Latina, seguido de Cuba, Barbados, Paraguai, Bahamas, Uruguai e Chile. Em nível continental, perdemos apenas para os Estados Unidos (5,9%). E esse número pode crescer ainda mais nos próximos anos, conforme prevê o Ministério da Saúde: até 15,5% da população brasileira podem sofrer com a doença ao menos uma vez durante a vida.

O Brasil também lidera o ranking mundial de ansiedade, segundo o mesmo mapeamento global de transtornos mentais da OMS. Aproximadamente 9,3% dos brasileiros foram diagnosticados com o distúrbio. Por sua vez, uma estatística nacional um pouco mais recente diz que o índice já alcançou 26%.[55] O consumo de medicamentos psiquiátricos acompanhou esse crescimento. Segundo dados do Sindicato da Indústria de Produtos Farmacêuticos, entre 2019 e 2022, a venda de remédios para ansiedade aumentou 10%, enquanto a de sedativos (normalmente utilizados para distúrbios do sono) cresceu 33%, e a de antidepressivos, 34%.

Para Anna Lembke, a confiança de que um comprimido pode aliviar o sofrimento humano, sem avaliar os custos a longo prazo, é um dos motivos por trás do salto no consumo de medicamentos como antidepressivos, sedativos e opioides. Em *Nação tarja preta*,[56] livro que lançou após o sucesso mundial de *Nação dopamina*, a especialista avalia a epidemia de drogas prescritas nos consultórios americanos, em especial os opioides, que são psicoativos

---

54 POR QUE o Brasil tem a população mais depressiva da América Latina. **G1**, 6 nov. 2023. Disponível em: https://g1.globo.com/saude/noticia/2023/11/06/por-que-o-brasil-tem-a-populacao-mais-depressiva-da-america-latina.ghtml. Acesso em: 26 dez. 2024.

55 CARVALHO, R. Por que o Brasil tem a população mais ansiosa do mundo. **G1**, 27 fev. 2023. Disponível em: https://g1.globo.com/saude/noticia/2023/02/27/por-que-o-brasil-tem-a-populacao-mais-ansiosa-do-mundo.ghtml. Acesso em: 26 dez. 2024.

56 LEMBKE, A. **Nação tarja preta**: o que há por trás da conduta dos médicos, da dependência dos pacientes e da atuação da indústria farmacêutica. São Paulo: Vestígio, 2023.

A era da hiperprodutividade tóxica   59

utilizados no tratamento da dor. Uma tendência mundial, segundo a autora. Embora por aqui não exista uma crise em relação aos psicoativos, como nos Estados Unidos, Lembke ressalta no prefácio da edição brasileira que, no nosso país, a venda aumentou 465% (!) entre 2009 e 2015.

"Hoje em dia, as pessoas alimentam cada vez mais a ideia de que a vida precisa ser isenta da dor; experimentar dor, seja de que tipo for, indicaria que há algo de errado conosco e com a nossa vida", escreve Lembke. Indispensável explicar que a psiquiatra é a favor da boa aplicação de medicamentos controlados para o tratamento de doenças físicas ou mentais, mas crítica dos excessos e da nossa baixa tolerância ao sofrimento. "Pessoas tristes são vistas como doentes, e não como seres humanos saudáveis, envolvidos na complexa proposta de navegar pela vida", alerta.[57] Se, por um lado, para a sociedade, a felicidade é uma obrigação, por outro, a ausência dela é uma doença.

FELICIDADE × PRAZER

Na busca pela felicidade, o insight mais importante está em saber diferenciar essas duas coisas. É nisso que acredita a freira beneditina norte-americana Joan Chittister, autora de mais de cinquenta livros e centenas de artigos ligados à espiritualidade, entre eles *O livro da felicidade*.[58] Enquanto o prazer é marcado por eventos transitórios, como um dia em um parque de diversões ou aquele momento em que você descobriu que teria um filho, a felicidade é uma sensação duradoura e menos efusiva. Uma coletânea de sensações positivas é válida, claro, porém não garante uma vida feliz.

A alegria proporcionada por momentos felizes é, portanto, apenas um aspecto da felicidade. Ela faz parte do amplo repertório de emoções necessárias para evoluirmos como seres humanos, assim como a raiva, a tristeza e o medo, só para citar mais algumas. Nem mesmo os psicopatas

---

57 VELOSO, A. M. Maioria dos médicos desconhece potencial de dependência de remédios que prescrevem, alerta psiquiatra americana. **BBC Brasil**, 29 nov. 2023. Disponível em: www.bbc.com/portuguese/articles/c3g273zjkdpo. Acesso em: 26 dez. 2024.

58 CHITTISTER, J. **O livro da felicidade**. Petrópolis: Vozes, 2019.

estão livres de sentir emoções, tanto as boas quanto as ruins, como se acreditava até pouco tempo atrás.[59]

Como já vimos, para Sonja Lyubomirsky a felicidade é a experiência de contentamento e bem-estar combinada à sensação de que a vida possui sentido e vale a pena. E se, digamos, desmembrarmos essa frase para traduzi-la na prática? A meu ver, felicidade é a junção de "emoções positivas" com "sentido e propósito". Por emoções positivas, podemos compreender a afetividade, o bem-estar (ou seja, contentamento) e, sim, o prazer. Porém, moderada e não hedonisticamente. Já sentido e propósito envolvem aspectos cognitivos como autoconhecimento e inteligência emocional, assim como a capacidade de dar conta dos desafios e encontrar felicidade na virtude.

Abrindo um parêntese aqui, essa última característica está relacionada ao conceito de eudaimonia, isto é, de ações que visam ao bem comum, assunto que aprofundaremos no Capítulo 6. Tal qual o hedonismo, a eudaimonia também possui origem na filosofia grega. Ambas podem ser vistas como duas formas de enxergar a felicidade, embora opostas. Enquanto o hedonismo enfatiza o prazer, a eudaimonia ressalta o desenvolvimento pessoal. É como se a primeira focasse a felicidade no curto prazo, e a segunda, no longo.[60]

Como destaca Chittister, cabe a nós separar o joio do trigo, ou seja, a felicidade da alegria e do prazer – até porque eles representam coisas diferentes para cada um. Todos nós, contudo, podemos desenvolver as habilidades necessárias para ser feliz. Em vez de fugir, aprender a crescer na (inevitável) dor. "Alcançar a felicidade demanda o compromisso de curvar o arco de nossas vidas na direção de coisas que são realmente importantes, em vez de orbitarmos ao redor de frivolidades que só servem de ornamentos", afirma.[61]

---

59 SOMMERS, A. B. Psicopatas: o que diz a ciência (e por que as séries erram). **BBC Brasil**, 28 abr. 2022. Disponível em: www.bbc.com/portuguese/geral-61252615. Acesso em: 26 dez. 2024.

60 SANFELICIANO, A. Eudaimonia e hedonismo: duas formas de experimentar a felicidade. **A mente é maravilhosa**, 22 dez. 2022. Disponível em: https://amenteemaravilhosa.com.br/eudaimonia-hedonismo/. Acesso em: 26 dez. 2024.

61 CHITTISTER, J. *op. cit.*

NOVOS TEMPOS

O problema está em insistir em viver no rastro do prazer e da satisfação por si só e, assim, perder a capacidade de encarar os obstáculos que o mundo impõe – seja na vida pessoal, social ou profissional. As coisas que costumamos imaginar que nos fazem felizes muitas vezes apenas nos proporcionam prazer, ou seja, resultados efêmeros.

Em geral, não aprendemos a medir a satisfação pelo desfrute do dia, e sim por seu término bem-sucedido. A sociedade premia os resultados, e não os processos, valorizando a chegada em detrimento da jornada. Desde crianças, somos condicionados a sacrificar o presente a fim de ser feliz no futuro. Mas esse futuro nunca chega, e nós seguimos ansiosos e depressivos.

Trabalhamos muito para consumir muito, para "ser" alguém, para pertencer. Trabalhar é essencial, mas não pode nos adoecer e escravizar. A sociedade de consumo em que vivemos, na qual necessidades são criadas o tempo inteiro, está baseada na performance e no alto desempenho. Por isso, culturalmente, ainda hoje, temos tanta dificuldade em parar e descansar. É preciso lembrar, porém, que as pessoas não são apenas peças de uma engrenagem executando uma tarefa (ou inúmeras). Como ensina a máxima do filósofo e poeta norte-americano Henry David Thoreau (1817–1862), o preço de qualquer coisa é a quantidade de vida que você troca por ela.

A gestão galgada em comando e controle ainda predomina. Costumo ouvir, em pleno século XXI, que a promoção da felicidade no trabalho pode deixar os trabalhadores fracos ou até mesmo preguiçosos. Eu acredito, no entanto, que essa hiperprodutividade tóxica está com seus dias contados. O que fizemos até o século passado nos trouxe até aqui, mas não é isso que vai nos levar para a frente. Velhos modelos estão abrindo espaço para novos. E quem não tomar consciência da necessidade de mudar vai ficar para trás.

TRABALHAR É ESSENCIAL, MAS NÃO PODE NOS ADOECER E ESCRAVIZAR.

A CIÊNCIA DA FELICIDADE NO TRABALHO
@ DENIZESAVI

CAPÍTULO 4:
COMO SER FELIZ AQUI E AGORA, INCLUSIVE NO TRABALHO

Altos cargos, supersalários, status, influência... É comum confundirmos realização pessoal com conquistas extraordinárias. Mas não podemos depositar as nossas fantasias de felicidade nesses ideais grandiosos. Até porque não é o sucesso que traz felicidade, é a felicidade que leva ao sucesso. *Como assim, Denize?* No livro *O jeito Harvard de ser feliz*,[62] o pesquisador Shawn Achor, um dos maiores especialistas em felicidade no mundo e antigo professor da Universidade de Harvard, aponta que uma visão positiva, uma perspectiva favorável da própria realidade, estimula a criatividade, a motivação, o desempenho e a produtividade, entre outros aspectos relacionados ao sucesso. Algo que ele chama de benefício da felicidade. Portanto, é preciso – antes de tudo – ser feliz. Tornar-se bem-sucedido é consequência disso. Não inverta a ordem.

O problema é que nós aprendemos que a fórmula do sucesso é sacrificar o presente a fim de ser feliz no futuro, e nossa cultura reforça essa crença. Se conseguirmos boas notas na escola, ganharemos um presente de nossos pais. Se alcançarmos as metas no trabalho, receberemos um bônus no fim do ano. A sociedade premia os resultados, não os processos; as chegadas, não as jornadas. Esperar para ser feliz quando algo extraordinário acontecer pode restringir o potencial do cérebro, pois o foco sai do presente, e a mente se fixa no futuro. Além de gerar ansiedade, comparação e até mesmo procrastinação. Ou seja, o oposto do benefício da felicidade apontado por Achor.

O autor embasa sua teoria em diversas pesquisas, entre elas um experimento realizado por Martin Seligman, professor da Universidade da Pensilvânia, referência mundial da Psicologia Positiva.[63] De acordo com a pesquisa

---

62 ACHOR, S. **O jeito Harvard de ser feliz**. São Paulo: Benvirá, 2023.

63 GIELAN, M. The Financial Upside of Being an Optimist. **Harvard Business Review**, 12 mar. 2019. Disponível em: https://hbr.org/2019/03/the-financial-upside-of-being-an-optimist. Acesso em: 27 dez. 2024.

em questão, o cérebro é configurado para apresentar o melhor desempenho quando trabalha no modo positivo, digamos assim. Só para se ter uma ideia do impacto disso, o estudo revelou que vendedores otimistas fecham 56% mais negócios do que seus colegas pessimistas. Um colaborador feliz, portanto, gera muito mais resultado. "A felicidade é o centro, e o sucesso é que gira em torno dela", conclui Achor.[64]

Quando li isso pela primeira vez, foi como se tivesse recebido um soco no estômago. Afinal, eu sou da geração do "trabalhe enquanto eles dormem", que sacrificou tanta coisa, da família à própria saúde, para "chegar lá". A menina que ganhava atenção, elogio, reconhecimento – e até presente – dos pais quando tirava boas notas na escola aprendeu que o "pódio" é a principal medida do sucesso. Quero deixar bem claro que meus pais não têm culpa, assim como a maioria dos pais daquela época que queriam o melhor para o futuro dos seus filhos dentro de um sistema que funciona assim até hoje, aliás. Repito: a nossa sociedade premia os resultados, não os processos.

Muitos de nós crescemos acreditando que, ao alcançarmos esses lugares de prestígio, seríamos felizes para sempre, quase como em um conto de fadas. A ciência, entretanto, já provou que isso está longe de ser verdade. Aliás, geralmente ocorre o contrário. Você negligencia o que de fato é importante e, ao olhar para trás, percebe que não foi feliz ao longo da sua trajetória. Para não correr mais esse risco, atente-se a uma coisa: a felicidade não está no passado nem no futuro; ela acontece no presente, aqui e agora, enquanto trilhamos nosso caminho rumo à realização dos nossos sonhos.

Outro motivo pelo qual não devemos esperar para ser feliz "apenas" ou "se" alcançar determinada conquista é o fantasma da adaptação hedonista, do qual já falei por aqui. A maioria das pessoas imagina que vai ser feliz quando conquistar o emprego dos sonhos, ganhar uma promoção, se destacar na carreira, ficar rico ou famoso. Ou, então, quando tiver o relacionamento ideal, comprar uma casa, ou largar tudo e viver pelo mundo. Seja o que for, não é bem assim que vemos acontecer na prática.

Não estou falando que você tem de sonhar baixo (até porque sonhar alto ou sonhar baixo dá o mesmo trabalho). No entanto, independentemente de qual

---

64 ACHOR, S. *op. cit.*

for a sua expectativa para a sua vida pessoal, social ou profissional, é natural se acostumar com as suas conquistas. Passada aquela excitação inicial, elas se tornam corriqueiras e, em alguns casos, até mesmo entediantes. Quando você chegar lá, certamente vai sentir a necessidade de arranjar outro objetivo para correr atrás. E assim vai continuar vivendo, como diria o filósofo alemão Arthur Schopenhauer, "entre a ânsia de ter e o tédio de possuir". Como acontece com as crianças: ao ganhar um brinquedo novo, brincam um pouco e logo enjoam. Quando o brinquedo deixa de ser novidade, elas já pedem outro.

A reflexão aqui é, como já mencionei anteriormente, que a felicidade não é composta apenas de momentos felizes, pontos de chegada e realização de sonhos, e sim de uma existência com significado. A magia está na jornada. A maneira como eu vivo dita a minha felicidade.

VALORES INEGOCIÁVEIS

Mas o que significa "chegar lá" exatamente? Depende. Cada um tem a sua definição. No entanto, se você passar por cima dos seus valores para obter sucesso, jamais vai ser feliz. Pode até conseguir alcançar o topo, porém corre o risco de despencar de lá. Seus valores precisam nortear suas decisões, sejam eles valores universais ou pessoais. Vou explicar melhor o porquê. Enquanto os primeiros designam aqueles compartilhados por grupos e culturas diferentes, como paz, respeito, amor e justiça, os últimos estão relacionados à origem e à história do indivíduo.

Para mim, por exemplo, a família vem em primeiro lugar sempre. Já recusei propostas de trabalho que sei que me trariam bons frutos profissionais porque atrapalhariam minha vida pessoal. Foram escolhas difíceis, confesso, porque amo o que faço – e sei que muitos sequer têm a oportunidade de escolher. Porém eu sabia que, cedo ou tarde, elas trariam arrependimento. Também prezo muito pela lealdade. Jamais vou trair um amigo, familiar ou colega de trabalho para "ter sucesso". E, nesse sentido, outro valor que vale ouro para mim é a generosidade, que para mim vai além do altruísmo.

Ser generoso é ter compaixão, tratar os outros com empatia e ser gentil. Todo mundo está enfrentando alguma batalha a respeito da qual a gente não sabe nada, como dizem. Por isso, devemos nos esforçar para sermos gentis sempre que possível. Foi assim que aprendi com meus pais. Portanto, jamais vou passar por cima de ninguém. Se o fizesse, estaria traindo a mim mesma e, consequentemente, uma angústia tomaria conta do meu ser. Talvez por isso haja tanta gente inexplicavelmente infeliz por aí. Entende como os valores precisam balizar o sucesso e, em consequência, a felicidade?

Além disso, pratico a gratidão diariamente. Mas não foi algo que priorizei de maneira espontânea na minha vida, ao contrário da família, da lealdade e da generosidade. Foi só quando comecei a estudar a Ciência da Felicidade que compreendi a sua relevância e passei a escrever os motivos pelos quais sou grata todos os dias. Como uma lição de casa mesmo, ao dormir e ao acordar. Mesmo nos dias ruins. Com o tempo, o exercício virou um hábito e, tal qual imaginei, causou um grande impacto no meu bem-estar. Retornaremos a esse assunto fundamental para a busca da felicidade mais adiante.

Esses quatro valores – família, lealdade, generosidade e gratidão – são inegociáveis para mim. Poderia citar outros, são muitos, mas usei esses como exemplo para reforçar que o conceito de sucesso precisa estar ancorado à lista de valores pessoais. Aliás, você sabe quais são os seus? Já parou para pensar nisso? Vale responder a essa pergunta de tempos em tempos. Para evitar que você seja "seduzido" por aquilo que a sociedade considera importante, o que nem sempre coincide com o que você de fato almeja.

A falta de caráter não se restringe a agir em discordância somente com princípios universais, mas com nossos próprios princípios, aquilo que importa para nós. Por exemplo, se você preza por justiça, seja justo; se preza por honestidade, seja honesto; por humildade, seja simples. E, sempre, seja você! Alinhe-se com a sua alma. Assim, quando as "tentações" e as "armadilhas" do sucesso aparecerem, ficará mais fácil vencê-las e seguir o seu caminho, e não o dos outros.

Do mesmo modo que devemos ser fiéis aos nossos valores pessoais para sermos felizes, a vida em comunidade exige que sejamos tolerantes aos valores universais. Ainda que as nossas prioridades sejam diferentes das de outras pessoas, esse respeito é fundamental. Digamos que você empreste um livro de uma pessoa que tem muitos livros e esqueça de devolvê-lo. Talvez não se sinta culpado, afinal é provável que ela nem sinta falta dele, uma vez que tem tantos outros. No entanto, se todos pensarem desse modo, ninguém mais vai emprestar nada a ninguém, concorda? O ato de emprestar deixaria de existir. Como diz Lúcia Helena Galvão, filósofa brasileira e autora de vários livros, não devemos menosprezar o poder dos pequenos gestos, considerando que eles podem gerar condutas capazes de contaminar o grupo. "A bomba mais destrutiva que temos vem da fissão de um átomo", justifica.[65]

VOCÊ NO COMANDO

Embora não tenhamos controle sobre a maior parte do que acontece conosco e, principalmente, com o restante do planeta, podemos controlar a maneira como reagimos aos acontecimentos – e isso tem um efeito enorme não apenas na nossa vida, mas também na de outras pessoas ao redor, como bem lembra Lúcia Helena. Isso quer dizer que também somos responsáveis pela nossa própria felicidade.

Essa é a conclusão de estudiosos de diversas áreas do conhecimento, que têm refletido e pesquisado sobre o tema ao longo da história.[66] Desde a Antiguidade, por exemplo, pensadores como Confúcio e Aristóteles suspeitavam de que a mente desempenha uma função essencial na busca da felicidade. Uma teoria que, com o avanço da tecnologia, pôde ser comprovada séculos depois. Graças a inúmeros experimentos científicos envolvendo o cérebro, hoje sabemos que o órgão está diretamente relacionado à manifestação das emoções humanas.

Elas não são somente sentimentos abstratos, mas sim reações coordenadas por diferentes regiões do cérebro que se comunicam entre si para processar e interpretar tudo o que acontece ao nosso redor.[67] Palavras como endorfinas, neurotransmissores, córtex pré-frontal, sinapses e assim por diante se popularizaram nas últimas décadas, dentro e fora do ambiente

---

65 RESPEITO: manual do usuário, de Lúcia Helena Galvão. 2024. Vídeo (1h1min51s). Publicado pelo canal Nova Acrópole Brasil. Disponível em: www.youtube.com/watch?v=2ld1QZl7YX8&t=156s. Acesso em: 27 dez. 2024.

66 CHITTISTER, J. op. cit.

67 ESPERIDIÃO-ANTONIO, V. et al. Neurobiologia das emoções. **Revista de Psiquiatria Clínica**, v. 35, n. 2, p. 55-65, 2008. Disponível em: www.scielo.br/j/rpc/a/t55bGGSRTmSVTgrbWvqnPTk/abstract/?lang=pt. Acesso em: 27 dez. 2024.

acadêmico, fazendo crescer a nossa compreensão acerca das estruturas cerebrais e do desenvolvimento emocional.

Uma das grandes descobertas nesse sentido diz respeito à tomada de decisões. "Não somos máquinas de pensar, somos máquinas de sentir que pensam": a célebre frase do médico e neurocientista português António Damásio, professor da Universidade do Sul da Califórnia e autor do best-seller *O erro de Descartes*,[68] ressalta que as emoções têm um papel muito maior nas nossas escolhas do que imaginamos. "Para ter o que chamamos de consciência básica é preciso ter sentimentos." E o autor se aprofunda: "É preciso que o cérebro seja capaz de representar aquilo que se passa no corpo e fora dele de uma forma muito detalhada. É daí que nasce a rocha sobre a qual a mente forma sua base e se edifica".[69]

Para Damásio, de modo geral, as emoções ajudam a moldar a razão humana. Portanto não somos seres racionais, somos seres emocionais. Do contrário, teríamos total controle sobre os sentimentos. E não é bem assim que acontece, certo? Quando votamos, compramos, convivemos... tudo é baseado em emoção. Se alguém nos tira do sério, por exemplo, nossa primeira reação é ponderar ou revidar? Usamos a inteligência para resolver a situação ou deixamos a raiva assumir o controle da situação? Para muitos, arrisco dizer que quase sempre é a emoção que domina.

Nem tudo está perdido, claro. Damásio acredita que a sociedade está evoluindo em direção a um maior equilíbrio entre emoção e razão. "E a única maneira de ultrapassar as emoções é o conhecimento: saber analisar as situações com grande pormenor, ser capaz de raciocinar sobre elas e decidir quando uma emoção não é vantajosa", explica.[70] Ou seja, o controle emocional não surge "de graça". Também é uma escolha. Pode, e deve, ser treinado, assim como a felicidade.

---

68 DAMÁSIO, A. **O erro de Descartes**. São Paulo: Companhia das Letras, 2012.
69 CARVALHO, J. "O homem está evoluindo para conciliar a emoção e a razão", diz António Damásio. **Veja**, 6 maio 2016. Disponível em: https://veja. abril.com.br/ciencia/o-homem-esta-evoluindo-para-conciliar-a-emocao-e-a-razao-diz-antonio-damasio. Acesso em: 27 dez. 2024.
70 *Ibidem*.

VIRANDO A CHAVE

Em primeiro lugar, é importante despertar a consciência da sua própria essência. Só assim você vai entender o que é felicidade para você e descobrir como ser feliz aqui e agora – inclusive no trabalho. Com isso em mente, desenvolvi o método **7 chaves para ser feliz no trabalho, na rotina e na vida.** Ele está dividido em autoconhecimento e inteligência emocional, dom essencial, sentido e propósito, autorrealização, conexão humana e relacionamentos, atenção plena e, por fim, gratidão. Trata-se de um resumo do que aprendi após anos de estudos para me tornar especialista em Ciência da Felicidade e, mais recentemente, ocupar o cargo de CHO de uma empresa presente em vinte países.

Gostaria de lembrar que, embora cada um seja responsável pela própria felicidade, a sociedade e as organizações também precisam fazer a sua parte. Na prática, isso implica estruturas sociais mais justas e comprometimento com os valores humanos, como acontece no Butão,[71] país asiático de forte tradição budista que ficou famoso ao criar o indicador Felicidade Interna Bruta (FIB) nos anos 1970. No Butão, o bem-estar da população está acima do crescimento econômico desenfreado. Outro exemplo de nação comprometida com políticas públicas que influenciam diretamente a felicidade é a Finlândia. Essa é uma das razões para o país nórdico liderar o ranking do *Relatório Mundial de Felicidade*, da ONU, há vários anos consecutivos.[72]

Só esse tópico sobre a responsabilidade dos governos e da sociedade como um todo na felicidade das pessoas daria um livro à parte. Mas, aqui, quero me aprofundar no comprometimento das organizações com a felicidade das pessoas no ambiente de trabalho, afinal passamos a maior parte da vida cumprindo expediente.

---

71 GHISLENY, C. Felicidade Interna Bruta como política pública: o caso do Butão. **ArchDaily**, 22 jan. 2024. Disponível em: www.archdaily.com.br/br/1012337/felicidade-interna-bruta-como-politica-publica-o-caso-de-butao. Acesso em: 27 dez. 2024.

72 FILKS, I. Finlândia é o país mais feliz do mundo pelo 7º ano consecutivo. **CNN**, 20 mar. 2024. Disponível em: www.cnnbrasil.com.br/internacional/finlandia-e-o-pais-mais-feliz-do-mundo-pelo-7o-ano-consecutivo-diz-relatorio-da-onu/. Acesso em: 27 dez. 2024.

Eu acredito que o principal papel do CNPJ não seja simplesmente movimentar a atividade econômica, mas enviar um ser humano melhor para casa. Muitas vezes, é no trabalho que as pessoas buscam se tornar quem elas querem ser. Trabalho é construção de identidade. E isso implica voltar para a família se sentindo realizado por um dia significativo de expediente. A visão puramente capitalista, que em geral dita o funcionamento das empresas, as deixou míopes para o fato de que elas também têm responsabilidade social com o florescimento da humanidade.

E por onde a felicidade corporativa começa? Será que pela oferta de bons salários, benefícios e flexibilidade? Ou será que é promovendo happy hours e oferecendo salas de descompressão com jogos, cafeteira e sofás para relaxar? É aí que a maioria das pessoas se engana; afinal, felicidade não é apenas sentir-se satisfeito e ter experiências prazerosas. De nada adianta ter uma sala com jogos de dardos para aliviar o estresse se o colaborador quiser colocar a foto do chefe no alvo.

A felicidade no trabalho é possível por meio da construção de uma cultura humanizada. Empresas não são feitas de processos, são feitas de pessoas. Então, antes de pensar em qualquer iniciativa para promover um ambiente feliz, é preciso cuidar das relações que ali existem. Isso significa desenvolver uma liderança com foco nos colaboradores, olhando para eles como seres humanos (e não como crachás) e estimulando um ambiente com segurança psicológica. Por segurança psicológica, entenda-se ter a liberdade de compartilhar ideias, questionamentos, dúvidas e até mesmo falhas, sem receio de ser punido e humilhado por expor suas vulnerabilidades ou agir com franqueza – conceito popularizado por Amy C. Edmondson,[73] professora da Harvard Business School e autoridade mundial em liderança e administração. Uma postura que deve partir da alta gestão e atingir todos os líderes e, consequentemente, seus liderados.

Estamos em uma era de transição, uma era de mudanças, em que os velhos paradigmas precisam abrir espaço para os novos. A diferença está em

---

73 BORGE, I. Segurança psicológica: o que é importante saber a respeito. **Você RH**, 22 set. 2022. Disponível em: https://vocerh.abril.com.br/coluna/isis-borge/seguranca-psicologica-o-que-e-importante-saber-a-respeito. Acesso em: 27 dez. 2024.

como vamos atuar nesse novo ecossistema. Ou a gente muda ou o problema vai ficar insustentável. Isso, porque muitas empresas ainda estão apegadas a modos de gestão antigos, que precisam ser substituídos por outros mais humanizados. A dinâmica de comando e controle, baseada em uma gestão vertical (na qual quem está na parte de cima da hierarquia ordena e quem está na parte debaixo obedece, sem questionamentos) precisa ser substituída por uma dinâmica mais horizontal. A lógica do "manda quem pode e obedece quem tem juízo" não cabe mais. Nesse novo cenário, o papel do líder mudou – em certos ambientes, até o termo caiu em desuso. Hoje, o líder é aquele que representa o time, inspira e trabalha junto. Ele não está acima, está ao lado. É respeitado, em vez de temido.

Ao contrário do que acontece na liderança vertical, de cima para baixo, na liderança horizontal as decisões são tomadas de maneira descentralizada. Melhor dizendo, o líder incentiva a participação dos colaboradores no planejamento de projetos e ações, em detrimento daquele modelo predominantemente hierárquico. Enquanto o líder do passado (ou chefe, como era chamado) não aceitava erros, muito menos vulnerabilidades, o líder do futuro estabelece uma comunicação eficiente, de mão dupla, assim como conhece e valoriza cada profissional de seu time. Além das habilidades técnicas, ele possui habilidades comportamentais (também chamadas de *soft skills*) e entende a complexidade humana.

O que tem tudo a ver com o conceito da Universidade de Berkeley, que relaciona a felicidade no trabalho à percepção de que o tempo ali é bem vivido com motivação, e de que o que você faz tem valor. Dito isso, a felicidade no trabalho não pode se reduzir a um programa pontual dentro de uma organização; é preciso que ela faça parte da cultura da empresa, adentrando o planejamento estratégico com ações contínuas, pois os resultados só são colhidos no longo prazo. A experiência do cliente (*customer experience*) tem de ceder lugar à experiência do colaborador (*employee experience*). Sabemos que quem cuida do cliente é quem trabalha. Mas quem cuida de quem trabalha?

Para o escritor e pesquisador Jeffrey Pfeffer, da Escola de Pós-Graduação em Negócios da Universidade Stanford (Estados Unidos), autor de diversos livros sobre teoria organizacional e recursos humanos, a resposta talvez seja "ninguém". "O trabalho está matando as pessoas e ninguém se importa", polemizou em uma de suas publicações.[74] Por essa razão, ele acredita ser fundamental que os trabalhadores assumam a responsabilidade de equilibrar trabalho e vida pessoal. "Tem gente que contesta: 'Não posso sair do emprego'. Eu respondo: 'Se você está em uma sala cheia de fumaça, você vai sair, porque as consequências para sua saúde serão severas'", diz. Apesar de não ser tão radical quanto o professor Pfeffer, acredito que, sim, temos de arregaçar as mangas. Não conseguimos nada sozinhos. Mas podemos ser a mudança que queremos no mundo. Que tal começar agora?

---

74 BARRÍA, C. "O trabalho está matando as pessoas e ninguém se importa", diz professor de Stanford. **BBC**, 27 mar. 2019. Disponível em: www.bbc.com/portuguese/geral-47700202. Acesso em: 27 dez. 2024.

É PRECISO – ANTES DE TUDO – SER FELIZ. TORNAR-SE BEM-SUCEDIDO É CONSEQUÊNCIA DISSO. NÃO INVERTA A ORDEM.

A CIÊNCIA DA FELICIDADE NO TRABALHO
@ DENIZESAVI

CAPÍTULO 5:
1ª CHAVE: AUTOCONHECIMENTO E INTELIGÊNCIA EMOCIONAL

té aqui, você entendeu por que a rotina não pode se resumir a um checklist diário em uma vida no automático para produzir e consumir cada dia mais. A base de tudo está na tomada de consciência. Mas o que vem depois? Eu respondo: o primeiro passo é o autoconhecimento. Quando alguém lhe pergunta quem é você, qual é a sua resposta? Talvez você comece pelo nome, depois diga a profissão, o estado civil, a cidade onde nasceu... Conhecer a si mesmo, entretanto, vai além de saber quem é você, significa investigar a si mesmo a fundo.

O que leva a algumas questões: quais são suas qualidades, seus defeitos, suas limitações? E também, claro, a descobrir seus objetivos. Aonde você quer chegar, afinal? Pois como ensinou Lewis Carroll no livro *Alice no País das Maravilhas*,[75] se você não sabe para onde ir, qualquer caminho serve. Só é possível atingir todo o seu potencial, portanto, se você se conhecer em primeiro lugar.

Quem é você, além do que faz para viver? Se tirar o seu trabalho, o título que você carrega, o fato de ser mãe/pai, esposa ou marido de alguém, o que resta? Pare para refletir sobre isso por um momento. Esse é um exercício desafiador. A verdade é que temos dificuldade em extrair a nossa essência. É mais fácil se basear pelo externo, pelos títulos que adquirimos ao longo da vida, do que conseguir enxergar o que há dentro de nós.

Na esfera do autoconhecimento, entretanto, há alguns caminhos para descobrir quem somos a sério. E uma das formas que vou apresentar aqui vem da Psicologia Positiva, que, como você já sabe, é um dos pilares mais importantes da Ciência da Felicidade. Estou falando de uma classificação científica chamada Forças de Caráter,[76] que mostra quem somos a partir de

---

75 CARROL, L. **Alice no País das Maravilhas**. Rio de Janeiro: Zahar, 2013.

76 O estudo das Forças de Caráter e Virtudes Humanas e a concepção do teste estão retratados no livro *Character Strengths and Virtues* [Forças de caráter e virtudes, em tradução livre], de Martin Seligman e Christopher Peterson.

nossas potências e apresenta, ainda, as virtudes humanas universais nas quais elas se encaixam. Elas ajudam a explicar por que agimos como agimos, por que fazemos as escolhas que fazemos e quem somos essencialmente.

Um estudo liderado pelo psicólogo norte-americano Martin Seligman, o papa da Psicologia Positiva, e seu colega Christopher Peterson revelou que o ser humano possui um total de 24 Forças de Caráter, agrupadas dentro de seis grandes Virtudes Humanas. De acordo com a pesquisa, essas virtudes podem ser encontradas em todos os códigos éticos e morais da humanidade, ou seja, são universais.

Para chegar a essa conclusão, os pesquisadores fizeram uma varredura, ao longo de três anos, desde a Antiguidade até os dias de hoje, de todo o conhecimento sobre princípios humanos de que se tem notícia – passando por Filosofia, religiões, culturas do mundo inteiro. Em suma, eles acreditam que as Forças de Caráter são características positivas individuais. Todos nós temos essas 24 forças em diferentes graus, o que significa que cada pessoa tem a sua própria composição. E o que determina a nossa individualidade são as cinco primeiras, chamadas de Forças de Assinatura. São elas que nos definem, que dizem quem realmente somos. *Tá, e como eu faço para descobrir isso?* Calma, que eu explico no quadro ao fim do capítulo, no qual trago também um teste para você descobrir quais são as suas.

UMA QUESTÃO DE INTELIGÊNCIA

O autoconhecimento permite que a gente desenvolva algo fundamental para uma vida plena: a inteligência emocional. Pode ser que você já tenha escutado esse termo em algum lugar, pois ganhou relevância com o avanço da Psicologia Positiva, mas muitas pessoas ainda o confundem com ser uma pessoa legal o tempo inteiro. Vamos entender, então, o que de fato quer dizer inteligência emocional?

Criado pelos cientistas norte-americanos Peter Salavoy e John Mayer, o termo "inteligência emocional" se tornou popular em meados dos anos 1990 após a publicação do livro homônimo do jornalista Daniel Goleman, nos Estados Unidos. Segundo a definição de Goleman, inteligência emocional refere-se à "capacidade de identificar os nossos próprios sentimentos e os dos outros, de nos motivarmos e de gerir bem as emoções dentro de nós e nos nossos relacionamentos".[77]

Para Goleman, embora o quociente de inteligência (QI) e as habilidades técnicas sejam importantes, a inteligência emocional é indispensável para o sucesso. Isso explicaria por que nem todas as pessoas altamente qualificadas, em termos acadêmicos, são necessariamente bons líderes, e vice-versa. Mas aqui não estamos falando apenas de trabalho.

Sem autoconhecimento, contudo, não existe inteligência emocional. Para aprender a gerir as próprias emoções, antes é necessário conhecê-las: uma coisa leva à outra. Identificar os próprios sentimentos é autoconhecimento. Saber o que fazer com eles é inteligência emocional. E o melhor é que, juntos, o autoconhecimento e a inteligência emocional ajudam a pavimentar o caminho para a felicidade. Tudo porque, para ser feliz, a gente tem de se entender neste mundo e descobrir o nosso propósito, concorda? Assim como compreender o modo como lidamos com as pessoas ao redor, a fim de aperfeiçoar nossos relacionamentos.

Afinal, ninguém é igual a ninguém – e todos somos pra lá de complexos. Cada um tem uma história e, conforme sua origem e experiência, enxerga e interpreta a realidade à sua maneira. Apesar de geralmente acreditarmos que o nosso pensamento está certo, e o das pessoas que discordam dele está errado, se pararmos para refletir, muitas vezes, eles são apenas pontos de vista diferentes. A essas maneiras distintas de perceber uma mesma situação, Goleman chama de autopercepção (como você a enxerga) e heteropercepção (como o outro a enxerga). Como diria Leonardo Boff, "todo ponto de vista é a vista a partir de um ponto".[78] É bom ter isso em mente antes de entrar em uma discussão.

Vale lembrar ainda que os bons relacionamentos são um pilar fundamental da saúde e da felicidade, como mostra o estudo mais longo já feito sobre esse tema, o Estudo sobre o Desenvolvimento Adulto. Iniciada pela Universidade de Harvard em 1938, a pesquisa atualmente está analisando

---

77 GOLEMAN, D. **Inteligência emocional**: a teoria revolucionária que redefine o que é ser inteligente. São Paulo: Objetiva, 1996.

78 BOFF, L. **A águia e a galinha**. Petrópolis: Vozes, 1998. p. 9.

os cerca de 2 mil descendentes (homens e mulheres) dos 724 participantes iniciais (somente homens) do estudo – pois, como era de se esperar, apenas sessenta deles ainda estão vivos, já na casa dos 90 anos.

"Se você fosse investir agora no seu melhor 'eu' futuro, a que dedicaria seu tempo e sua energia?", perguntou o psiquiatra Robert Waldinger, o quarto e atual diretor do estudo, na primeira palestra TED que ministrou sobre o assunto, em 2015.[79] Segundo Waldinger, as respostas, especialmente dos mais jovens, envolvem dinheiro, fama e trabalho. Inclusive era nisso que acreditavam os primeiros participantes do estudo, lá atrás, no começo de sua vida adulta. Entretanto, ele ressalta que as lições extraídas das dezenas de milhares de páginas de informações geradas sobre essas pessoas dão uma resposta diferente.

"As pessoas que estão mais conectadas socialmente com a família, amigos e comunidade são mais felizes, fisicamente mais saudáveis e vivem mais do que as pessoas que têm poucas conexões", completou Waldinger, cuja apresentação entrou para a lista das dez palestras de maior audiência da história do TED. Isso posto, é desnecessário afirmar que não há como aprimorar nossos relacionamentos, seja em casa ou no trabalho, sem um mínimo de autoconhecimento e inteligência emocional.

TODAS AS EMOÇÕES IMPORTAM

Riley é uma menina de 11 anos que acabou de se mudar com a família para uma cidade grande por causa do trabalho do pai. Aos desafios da mudança de casa, como deixar seu time de hóquei na cidade natal, somam-se os receios comuns da passagem da infância para a adolescência. Esse é o mote de *Divertida Mente*, lançado pela Disney em 2015.[80] A grande sacada do filme, que recebeu dois Oscars, está em seus protagonistas:

---

79 WALDINGER, R. What Makes a Good Life? Lessons from the Longest Study on Happiness. **TED**, nov. 2015. Disponível em: www.ted.com/talks/robert_waldinger_what_makes_a_good_life_lessons_from_the_longest_study_on_happiness. Acesso em: 27 dez. 2024.

80 DIVERTIDA Mente. Direção: Pete Docter. EUA: Walt Disney Pictures; Pixar Animation Studios, 2015 (95 min).

IDENTIFICAR OS PRÓPRIOS SENTIMENTOS É AUTOCONHECIMENTO. SABER O QUE FAZER COM ELES É INTELIGÊNCIA EMOCIONAL.

A CIÊNCIA DA FELICIDADE NO TRABALHO
@ DENIZESAVI

Alegria, Medo, Tristeza, Raiva e Nojinho são as emoções que vivem no cérebro de Riley. Dali, de uma espécie de torre de comando, controlam a vida dela. A Alegria, a emoção dominante, tenta manter Riley feliz a todo custo até perder a liderança por acidente. O que parecia ser uma péssima ideia, ou seja, deixar as demais emoções fluírem, aos poucos vai se mostrando benéfico para o amadurecimento da menina.

A Alegria, em *Divertida Mente*, é a personificação da positividade tóxica. Por isso, além de se achar superior aos demais sentimentos, acredita que eles devem ser ignorados. Mas, como você aprendeu por aqui, não precisamos estar bem o tempo inteiro para nos considerarmos felizes. Em vez de fugirmos tanto das dores quanto das situações difíceis, temos de entender como lidar com elas. Reconhecê-las para atravessá-las. Isso é inteligência emocional. Toda emoção, incluindo as de valência negativa, tem seu papel na construção da felicidade e contribui para o florescimento do indivíduo.

O medo, por exemplo, nos protege do perigo. Foi o que trouxe a nossa espécie até aqui. Imagine se todos os seres humanos que viviam nas cavernas fizessem pouco caso das feras que os cercavam? Pois é. E antes que você diga que essa emoção deu lugar à coragem nos dias de hoje, afinal já deixamos de ser nômades há milênios, só um lembrete: coragem não é ausência de medo; é persistir apesar do medo. Outro sentimento malvisto, a tristeza, nos ajuda a identificar nossos valores. Como quando perdemos alguém que amamos e somos tomados por um pesar que parece infinito. Essas perdas, por outro lado, nos mostram o que realmente importa. A vida é dual. Há quem diga que, assim como é preciso barulho para apreciar o silêncio, é preciso tristeza para valorizar a felicidade.

O tédio, por sua vez, é um motor para a criatividade. Especialmente para as crianças, tão acostumadas hoje a serem entretidas vinte e quatro horas por dia, sete dias por semana, com cursos extracurriculares, brincadeiras, jogos e, claro, telas. Por essa razão, alguns educadores afirmam que, quando os pequenos não têm "nada para fazer", estão diante de uma oportunidade de criar, aprender e, principalmente, descobrir novos interesses e atividades que façam sentido para eles.[81] Ou seja, que vão torná-los mais felizes. E isso vale também para os adultos, viu? Também somos viciados em telas e temos dificuldade de vivenciar o tédio, não nos damos a rica oportunidade de explorar nossa criatividade e colocar em ação a tão falada sentença "pensar fora da caixa".

Já a raiva, quando bem canalizada, nos faz reparar injustiças, sair da zona de conforto e até mesmo bater metas no trabalho; o popular "sangue nos olhos" que todo mundo já sentiu um dia, não adianta negar. Poderia continuar falando ainda sobre as emoções de valência negativa por mais e mais parágrafos. Vou concluir, no entanto, com a ansiedade. Não por acaso, já que Riley entrou na adolescência, essa emoção é uma das novas protagonistas de sua mente em *Divertida Mente 2*.[82] Mesmo na sequência do filme, ela foi retratada com ares de vilã. E se eu disser para você que até mesmo a ansiedade tem um lado positivo?

Assim como devemos agir diante de todas as emoções, não é necessário eliminá-la de vez do seu dia a dia. Até porque isso não seria impossível. Aprender a gerenciá-la já basta. "A emoção da ansiedade e a resposta fisiológica subjacente ao estresse evoluíram para nos proteger", explica a neurocientista Wendy Suzuki, autora de *Good Anxiety* [Ansiedade boa, em tradução livre].[83] A conclusão da neurocientista se baseia na Lei Yerkes-Dodson, uma teoria do começo do século XX criada a partir de experiências com camundongos. Segundo ela, aquela excitação que sentimos diante de um desafio (como uma entrevista de emprego, um novo emprego ou falar em público) pode favorecer o nosso desempenho porque nos ajuda a manter o foco e a concentração. Em algumas literaturas, a ansiedade é descrita como estresse preventivo. O que isso quer dizer? Que diante de uma situação,

---

81 PEARSON, C. Tédio é incentivo para crianças viverem novos aprendizados e realizações. **Folha de S.Paulo**, 3 jul. 2023. Disponível em: https://www1.folha.uol.com.br/equilibrio/2023/07/tedio-e-incentivo-para-criancas-ter-novos-aprendizados-e-realizacoes.shtml. Acesso em: 27 dez. 2024.

82 DIVERTIDA Mente 2. Direção: Kelsey Mann. EUA: Walt Disney Pictures; Pixar Animation Studios, 2024 (96 min).

83 CARON, C. Conheça o lado bom da ansiedade. **O Globo**, 1 fev. 2022. Disponível em: https://oglobo.globo.com/saude/bem-estar/conheca-lado-bom-da-ansiedade-25374708. Acesso em: 27 dez. 2024.

que interpretamos como ameaça, o cérebro reage para nos proteger. Ou seja, a ansiedade é um sinal de que o cérebro está funcionando da maneira que deveria. Ela só não pode chegar ao ponto de termos a sensação de "querer sair da própria pele". Porque, depois que ela atinge o patamar de ansiedade crônica, o efeito é prejudicial. Deixa de ser uma emoção e passa a ser transtorno mental.

Que lições podemos tirar até aqui, então? Emoções são apenas emoções, e não doenças graves a serem diagnosticadas, como muitas vezes nos fazem acreditar. Algumas são mais vantajosas que as outras, mas todas importam. Durante um pico de raiva, medo, tristeza ou ansiedade, apenas lembre-se de que elas não duram para sempre. A tendência é sempre retornarmos ao nosso padrão emocional natural. E, se tudo der certo, voltamos ainda mais fortes.

Por isso, o autoconhecimento e, por consequência, a inteligência emocional nos proporcionam também resiliência, como se fosse um bônus. Essa capacidade de superar os desafios, de se adaptar a mudanças e, muitas vezes, de se transformar também pode tornar você uma pessoa mais feliz. "Embora seja de fundamental importância em nossa recuperação depois de perdas e traumas, a resiliência oferece muito mais do que isso. A verdadeira resiliência promove bem-estar e uma sensação intrínseca de felicidade, amor e paz", escreve o neuropsicólogo Rick Hanson, do Greater Good Science Center, da Universidade da Califórnia, em *O poder da resiliência*.[84] É a tal da resiliência 2.0 da qual falamos no início do livro, lembra?

GERENCIAMENTO QUE TRANSFORMA

Eu costumo dizer que o trânsito é o melhor termômetro do humor. Antes de iniciar a minha jornada de autoconhecimento, eu brigava por qualquer coisa quando estava atrás do volante. Buzinava a toda hora, perseguia os motoristas que me fechavam, xingava. Não costumava perder a paciência tão rápido ou ser assim tão agressiva ao ser provocada em outros ambientes, mas, ali, eu descarregava todas as minhas frustrações.

---

84 HANSON, R. **O poder da resiliência**: princípios da neurociência para desenvolver uma fonte de calma, força e felicidade em sua vida. Rio de Janeiro: Sextante, 2019.

Fui mudando esse comportamento aos poucos e, se disser para você que foi propositalmente, estarei mentindo. Nem percebi. Quem reparou foi minha filha, minha fiel carona. *Obrigada pela compreensão, Sofia!* Hoje, porém, se eu cometer algum erro quando estou dirigindo, peço desculpas. Caso seja prejudicada pela infração de outro motorista, apenas respiro fundo e penso comigo mesma: *Vá com Deus*. Mas é evidente que as vantagens de nomear suas fraquezas vão além de evitar discussões no trânsito.

Para mim, isso alterou positivamente meus relacionamentos pessoais e profissionais. Hoje em dia, ouço com frequência, especialmente de quem não me conhece a fundo: "Nossa, você é tão calma". Na verdade, é claro que ainda me irrito com as pessoas. Apenas aprendi que a raiva dos outros não me pertence. Quando você trabalha as emoções de valência negativa, consegue resolver os conflitos com maior efetividade, sem levar para o lado pessoal.

Desenvolver essas habilidades comportamentais (que também são chamadas de *soft skills* atualmente) pode ser mais simples do que parece. Porém exige uma vontade pessoal tremenda. No meu caso, foram anos de terapia. Além de muito estudo: com livros, cursos, palestras, workshops. Paralelamente ao autoconhecimento, é necessário aprender a se colocar no lugar dos outros (isto é, praticar a empatia), ser flexível e aperfeiçoar a maneira de se comunicar. Algumas pessoas também buscam o desenvolvimento emocional por meio de práticas meditativas (falaremos mais disso no Capítulo 10, onde apresentarei a 6ª Chave: atenção plena), exercícios de respiração e ioga. Até mesmo a espiritualidade pode ajudar, para quem acredita. Isso, porque pessoas religiosas normalmente se descrevem como mais felizes, como mostrou um estudo feito nos Estados Unidos.[85] O ideal é encontrar um caminho que faça sentido para você e saber que se trata de um aprendizado contínuo.

Um investimento de tempo, energia e, em alguns casos, dinheiro, que vale muito a pena. Cerca de 90% dos recrutadores consideram as *soft skills*

---

85 PESSOAS religiosas se consideram mais felizes, diz novo estudo. **Universa**, 6 dez. 2019. Disponível em: www.uol.com.br/universa/noticias/redacao/2019/02/06/pessoas-religiosas-se-consideram-mais-felizes-diz-novo-estudo.htm. Acesso em: 28 dez. 2024.

tão ou mais importantes do que as habilidades técnicas, como já foi demonstrado pelo relatório *Global Trends Report*, do LinkedIn.[86] Entre as habilidades comportamentais mais conhecidas e desejadas estão a estratégia, a persuasão, o pensamento crítico, a comunicação, a inovação e a resiliência. Aquilo que o pessoal do mundo corporativo sabe bem: muitas pessoas são contratadas pelo currículo e demitidas pelo comportamento.

Concluindo, está na hora de você assumir também o controle da sua mente e, assim, das suas emoções. Tal qual um piloto maneja um voo, descobrindo seus gatilhos, ou seja, o que fará seu coração disparar a ponto de você perder o comando, fica mais fácil tomar as decisões certas, seja em uma turbulência, seja em um dia com céu de brigadeiro. Pois não somos seres racionais, somos seres emocionais, lembra? A nossa complexidade humana vai além dos sentimentos, engloba um conjunto de múltiplas inteligências e faz de nós únicos. Temos traços, características, atributos, encantos, capacidades que nos tornam quem somos. Essas potencialidades estão aí dentro de você e se manifestam de maneiras diferentes de uma pessoa para outra. É tão interessante desvendá-las, em primeiro lugar, por meio do autoconhecimento, quanto aprender a gerenciá-las com inteligência. Além de dizerem muito sobre quem você é, elas são a sua essência.

---

86 LOBOSCO, M. LinkedIn Report: These 4 Ideas are Shaping the Future of HR and Hiring. **LinkedIn Talent Blog**, 28 jan. 2019. Disponível em: www.linkedin.com/business/talent/blog/talent-strategy/global-recruiting-trends. Acesso em: 28 dez. 2024.

DESCOBRINDO AS SUAS FORÇAS DE CARÁTER

Depois de estudarem as 24 Forças de Caráter e agrupá-las em seis virtudes humanas, os cientistas Martin Seligman e Christopher Peterson desenvolveram o teste *VIA Character Strength Survey*. Ele está disponível on-line e gratuitamente no site do VIA Institute, uma organização sem fins lucrativos que desenvolve pesquisas sobre o comportamento humano.

Como funciona o teste? Você vai responder a 120 questões. Sim, é um pouquinho longo, mas não desista. Leva cerca de dez minutos. Esteja em um local tranquilo, desligue o celular e peça para não ser interrompido.

Quando você acessar o QR Code a seguir (ou digitar no seu navegador: **viacharacter.org/account/register**), vai encontrar um site em inglês. Faça o seu registro e, ali mesmo no campo de cadastro, é possível selecionar a opção do teste em português.

A primeira vez que fiz esse teste foi em 2018, durante a minha pós-graduação em Psicologia Positiva. Fiquei muito feliz com o resultado, pois, em primeiro lugar, apareceu amor, seguido de gratidão, inteligência social, prudência, apreciação da beleza e excelência. Ali eu compreendi por que os relacionamentos próximos são tão importantes para mim: o amor vem antes de tudo. Entendi minha facilidade para me comunicar e me conectar com as pessoas, a predisposição em ser grata, em ver o copo meio cheio, e isso por si só já define muita coisa a meu respeito.

De acordo com Seligman, as pessoas são realmente felizes quando utilizam suas forças de caráter. Por trás da camada do ego, nós temos uma essência composta de cinco forças principais, que são as nossas forças de assinatura. E quando a gente aplica isso ao cotidiano, seja no trabalho ou na vida pessoal, tudo começa a fazer mais sentido.

AS 24 FORÇAS DE CARÁTER ESTÃO DISTRIBUÍDAS EM SEIS VIRTUDES HUMANAS, A SABER:

MUITAS PESSOAS SÃO CONTRATADAS PELO CURRÍCULO E DEMITIDAS PELO COMPORTAMENTO.

A CIÊNCIA DA FELICIDADE NO TRABALHO
@ DENIZESAVI

CAPÍTULO 6:
2ª CHAVE:
DOM ESSENCIAL

A partir de um mergulho profundo no eu, que se dá com o autoconhecimento, podemos nos aproximar cada vez mais da nossa essência. Essa busca intriga pensadores e filósofos do mundo inteiro há milênios. Aqui, vou me ater à filosofia da Grécia Antiga. Naquela cultura, que teve grande influência na sociedade como a conhecemos atualmente, a natureza de um indivíduo era chamada de *daemon* (lê-se "daimon").

Embora tenha dado origem à palavra "demônio" em muitas línguas, sua tradução literal não tem nada de ruim. *Daemon* significa espírito ou divindade.[87] Na mitologia grega, era a entidade que atuava como mensageiro entre os deuses e as pessoas, e trazia luz e sabedoria à humanidade. Um conceito que ainda pode ser aplicado nos dias de hoje, a meu ver. Pois todos viemos ao mundo com um talento nato ou – por que não? – um presente divino. Esse talento, ou, como gosto de chamá-lo, dom essencial, é o *daemon* que existe dentro de nós.

Segundo o dicionário, dom significa "aptidão, habilidade, talento".[88] Já essencial é "a parte inerente de algo ou de alguém".[89] O dom essencial, portanto, pode ser entendido como algo que você faz bem e flui com naturalidade, e que, se você não o usar, perderá uma grande oportunidade. Para Aristóteles, além de sabedoria, o *daemon* simbolizava a essência mais iluminada do ser humano, dentro da qual seu potencial está escondido.

---

87 ORIGEM DA PALAVRA. Demônio. Disponível em: https://origemdapalavra. com.br/pergunta/origem-da-palavra-108/. Acesso em: 22 jan. 2025.

88 DOM. *In*: DICIONÁRIO Michaelis. São Paulo: Melhoramentos, 2024. Disponível em: https://michaelis.uol.com.br/moderno-portugues/busca/portugues-brasileiro/dom/. Acesso em: 28 dez. 2024.

89 ESSENCIAL. *In*: DICIONÁRIO Michaelis. São Paulo: Melhoramentos, 2024. Disponível em: https://michaelis.uol.com.br/moderno-portugues/busca/portugues-brasileiro/essencial/. Acesso em: 15 jan. 2025.

O conceito está ainda ligado à outra palavra grega, eudaimonia, da qual já falamos aqui. O *daemon* seria o seu dom; a eudaimonia, por sua vez, a felicidade alcançada por meio do desenvolvimento das virtudes humanas.[90] E, apesar de todos nascermos com tal potencialidade divina, que contém a voz da criatividade, da intuição e da capacidade de se renovar, há o risco de que ela seja limitada pela sociedade ao longo da nossa trajetória. O que, não raro, começa cedo, ainda na infância.

O meu dom essencial, que é a comunicação, se manifestou em mim desde que me conheço por gente. Eu era aquela criança que adorava brincar de teatro e televisão. As bonecas e os bichos de pelúcia eram a minha plateia e, para eles, eu "apresentava" diversas peças e programas. Também gostava de comandar espetáculos de circo com e para outras crianças. A minha paixão, desde aquela época, era contar histórias. Se fosse no palco, melhor ainda.

Esse talento continuou a aflorar conforme os anos foram passando. Na escola, costumava ser a aluna escolhida pelo grupo para organizar e apresentar os trabalhos em frente à classe. Distribuía os papéis entre os colegas e, claro, deixava o principal para mim. Eu era insuportável (risos). Mesmo assim, ninguém reclamava, pelo contrário. Foi o mesmo na faculdade de Jornalismo. Durante a minha formação universitária, segui como porta-voz dos trabalhos em grupo. Fui até mesmo selecionada para ser a oradora da turma na formatura. Embora a escolha tenha sido por unanimidade, me surpreendeu, já que havia jornalistas mais experientes na turma. Por isso, fiquei muito honrada. Hoje, sei que esses caminhos, das brincadeiras aos estudos, me ajudaram a amadurecer meu dom essencial, que me trouxe ao lugar que ocupo hoje.

Essa história poderia ter tomado outro rumo, entretanto. No Ensino Médio (que antigamente era conhecido por Segundo Grau), meus pais me matricularam em um curso técnico voltado à informática. Assim como ocorre com o Ensino Médio Técnico nos dias de hoje, a ideia era eu já sair da escola com uma profissão, e não era qualquer uma. Como, em meados dos anos 1990, a internet tinha recém-chegado ao Brasil, minha família viu ali uma

---

90 SANFELICIANO, A. Eudaimonia e hedonismo: duas formas de experimentar a felicidade. **A mente é maravilhosa**, 22 dez. 2022. Disponível em: https://amenteemaravilhosa.com.br/eudaimonia-hedonismo/. Acesso em: 28 dez. 2024.

oportunidade de me tornar uma pessoa bem-sucedida no futuro. O único detalhe é que, apesar das boas intenções dos meus pais, eu sempre fui péssima em ciências exatas.

A experiência, além de dolorida, foi um desastre, porque aquilo simplesmente não entrava na minha cabeça. Persisti, no entanto, para agradar os meus pais. Sabia quanto estavam pensando no meu bem. E só não reprovei porque tive ajuda de um colega muito habilidoso em processamento de dados para o trabalho final. Até que chegou a hora de fazer a inscrição para o vestibular... Mais uma vez, não queria decepcioná-los. Como imaginei que eles não me deixariam cursar nada relacionado a comunicação ou artes, por conta de uma possível instabilidade financeira, optei pelo curso de Psicologia.

Estudei, mas não consegui passar no exame. Por alguma razão que eu ainda não compreendia, era como se eu estivesse me boicotando inconscientemente. Foi quando surgiu aquela oportunidade, como contei a vocês, para trabalhar em uma rádio. Tomei coragem, então, e anunciei a todos que tinha me encontrado: eu queria estudar Comunicação. Ao perceberem quanto eu estava realizada, meus pais aceitaram a minha escolha e me incentivaram a correr atrás do meu sonho.

Às vezes, infelizmente, a educação aprisiona essa entidade, aprisiona o *daemon*; por um tempo, como foi no meu caso, ou mesmo pela vida inteira. Esse gênio de que tanto precisamos para conquistar a autorrealização fica escondido devido a uma abordagem rígida da vida, que normalmente prioriza a segurança, a estabilidade financeira, a tranquilidade e, acima de tudo, a rotina. Contudo, despertar o nosso *daemon* é uma das melhores formas de nos autorrealizarmos. Para encontrar motivação em tudo o que fazemos e para crescermos, é preciso invocá-lo no fundo do nosso ser. Mas como acessar essa fonte de iluminação? Como reconhecer o nosso dom? Onde ele se manifesta?

VOLTANDO ÀS ORIGENS

A primeira maneira de se conectar com um talento é voltar à infância. Quando criança, de quais brincadeiras e atividades você mais gostava de participar? Desenhar, dançar, escrever, montar blocos, praticar esportes? Em que se destacava? Além disso, quais eram as suas características mais marcantes? Curiosidade, liderança, senso de justiça, inteligência social, empatia, comunicação, persuasão? Tem criança que já começa a liderar os colegas, convencendo-os a fazer alguma atividade, definindo como vai ser o jogo, escolhendo o tipo de brincadeira. Outras que são engraçadas e fazem amizade facilmente, desenvolvendo uma incrível inteligência social. E na escola? Quais eram suas disciplinas preferidas? Era da turma dos que tinham facilidade em fazer cálculos e experiências científicas? Ou preferia as aulas de artes e de música?

Se você não se lembra muito dessa fase, pergunte a seus pais ou familiares. Essas questões são fundamentais, uma vez que os interesses que se sobressaem nos primeiros anos de vida dizem muito sobre a nossa essência. Nessa fase ainda não sofremos tanta influência do mundo externo. É como se a maior parte das páginas que compõem o livro da nossa vida estivesse em branco. Sendo assim, as suas aptidões naturais são aquelas que "vieram de fábrica".

Como exemplifica o escritor José Roberto Marques, fundador do Instituto Brasileiro de Coaching (IBC), uma criança que se sente bem falando em público pode ser um ótimo professor, advogado, apresentador ou palestrante no futuro. Assim como aquele jovem que se destaca na escrita pode se tornar jornalista, escritor ou roteirista. "É claro que é preciso estudo e dedicação para lapidar e complementar essas habilidades, mas essa aptidão na infância e na juventude pode ser um bom ponto de partida", afirma.[91]

Mas nem todo mundo consegue identificar seu talento, aptidões, paixões ou atividades com as quais têm facilidade. Talvez seja necessária uma ajuda externa. Ao conversar com seus familiares, amigos, colegas de trabalho e outras pessoas que convivem com você no dia a dia, pergunte a eles quais são suas qualidades (e seus defeitos também). As respostas podem surpreendê-lo, como aconteceu comigo quando fui a oradora da turma na formatura. Muitas vezes as outras pessoas conseguem observar nossas características melhor do que nós mesmos. Meus colegas, lá atrás, já enxergavam em mim um dom que eu ainda não tinha certeza de que

---

91 MARQUES, J. R. Como descobrir seus talentos? **IBC**, 30 out. 2020. Disponível em: www.ibccoaching.com.br/portal/coaching-e-carreiras/como-descobrir-seus-talentos/. Acesso em: 28 dez. 2024.

possuía (*alô, síndrome da impostora!*). O olhar do outro, nesse caso, pode trazer uma perspectiva inovadora.

Uma vez que você tomar posse do seu dom essencial, também é crucial ter disciplina para aperfeiçoá-lo. Você certamente já ouviu a frase, atribuída ao cientista Thomas Edison: "A genialidade é 1% de inspiração e 99% de transpiração". Muita gente sabe que tem talento, mas por diferentes razões não o desenvolve. "Ah, eu canto, mas não tenho aquela voz incrível dos famosos." Está tudo bem, o talento precisa ser lapidado, como ressaltou Marques. Então por que não se "jogar" e procurar um professor de canto?

A princípio, pode ouvir alguns "nãos", achar que aquilo não é para você e desistir. Ninguém nasce sabendo caminhar, é preciso aprender – e isso envolve cair, levantar, cambalear, até firmar bem os passos. Com nosso dom essencial, acontece algo semelhante: temos de suar a camisa para afiná-lo. Não acontece da noite para o dia. De acordo com alguns estudos, levamos em média 10 mil horas para nos tornarmos especialistas em algo. Alguns um pouco mais, outros menos, a depender do tipo de atividade e aptidão para desenvolvê-la.[92] Em bom português, talento sem disciplina não serve para nada.

DEIXE FLUIR

O dom essencial tende a ser composto de diversos talentos. Deus nos deu múltiplas habilidades, sendo que algumas brilham mais do que outras no nosso dia a dia. Como não poderia deixar de ser, tais habilidades conversam diretamente com as suas forças de caráter, aquelas virtudes que moldam o seu jeito de ser, das quais falamos no capítulo anterior. Da mesma maneira, nossos talentos também são alimentados por nossas *soft skills* – e vice-versa.

Não é coincidência, portanto, que os talentos se apresentem com frequência em nossa vida. Seja por meio de sonhos, conversas, livros que despertam curiosidade, conteúdos que nos impactam na internet, oportunidades... Eles vêm até nós de diversas maneiras e se sobressaem no nosso

---

92 GLADWELL, M. **Fora de série – Outliers**: descubra por que algumas pessoas têm sucesso e outras não. Rio de Janeiro: Sextante, 2013.

cotidiano. O que nos faz sentir que podemos realizar aquilo (um trabalho, um projeto, uma meta, um objetivo...) e nos vermos naqueles lugares. É importante estar sempre alerta ao que chama a nossa atenção!

Como saber se você encontrou o seu dom essencial

Um forte exemplo é quando você entra facilmente em *flow* [estado de fluxo, em tradução livre] durante a execução das atividades relacionadas aos seus talentos. Cunhado pelo psicólogo croata-americano Mihály Csíkszentmihályi (um dos braços direitos de Martin Seligman na fundação da Psicologia Positiva) ainda nos anos 1970, o termo é definido por ele como "um estado mental que acontece quando uma pessoa realiza uma atividade e se sente totalmente absorvida em uma sensação de energia, prazer e foco total no que está fazendo". E ele complementa explicando que "em essência, o *flow* é caracterizado pela imersão completa no que se faz, e por uma consequente perda do sentido de espaço e tempo".[93] É como se a pessoa ficasse tão envolvida no que está fazendo que nada mais importa. A experiência por si só é gratificante o suficiente.

Isso acontece com um atleta de alta performance disputando uma prova ou um músico profissional durante um concerto. Mas também pode ser observado nas nossas atividades cotidianas, claro. Veja as crianças brincando. Elas ficam tão concentradas e engajadas na brincadeira que, quando é preciso interrompê-las, começam a chorar e pedem mais uns minutinhos. No meu caso, entro em um estado de *flow* quando estou falando em público, palestrando, conduzindo um workshop, mentorando alguém, gravando vídeos, conversando com as pessoas sobre os temas da minha especialidade, estudando... Em suma, quando estou fazendo aquilo de que mais gosto.

Está provado cientificamente que, ao atingirem um estado de fluxo, as pessoas experimentam maiores níveis de emoções positivas e produtividade.[94] O que, pensando bem, não deixa de ser também uma confirmação dos

---

93 CSIKSZENTMIHALYI, M. **Flow, a psicologia do alto desempenho e da felicidade**. Rio de Janeiro: Objetiva, 2020.

94 HOW TO Enter Flow State. **TED**, jul. 2023. Disponível em: www.ted.com/talks/ ted_ed_how_to_enter_flow_state/transcript?language=pt-br&subtitle=en. Acesso em: 28 dez. 2024.

diversos estudos de felicidade no trabalho que venho trazendo ao longo deste livro. E você, já se perguntou o que o deixa em *flow*? Para confirmar se está no rumo certo, eu o convido a ler com atenção o quadro ao final do capítulo. Elaborei esse teste com o intuito de aprofundar essa reflexão. As respostas a essas perguntas vão ajudar você a chegar mais perto do seu dom essencial no trabalho.

Mas vale ressaltar que existe uma diferença entre *flow* e prazer, de acordo com Csíkszentmihályi. Enquanto o último está atrelado aos prazeres da vida, tais como boa comida, sexo, redes sociais, viagens a lugares interessantes e estar cercado de pessoas queridas, o primeiro está relacionado ao contentamento, ou seja, a uma experiência que vai além de satisfazer necessidades ou desejos. O contentamento acontece quando alcançamos algo inesperado, quando há aquele efeito *uau!* decorrente do foco concentrado em uma atividade. Vai além de satisfazer as nossas necessidades.

Por essa razão, embora não sejam necessariamente prazerosos o tempo inteiro, eventos que exigem esforço – como trabalhar, estudar, ler, negociar – também podem ser realizados em um estado de fluxo. Tanto que, depois que acabam, não dizemos que foram cheios de diversão. No entanto, torcemos para que aconteçam novamente no futuro. O mundo está cheio de casos de pessoas que dedicaram a vida a um trabalho por amor, e não dinheiro: de Marie Curie a Picasso.

Nesse cenário, para descobrir se uma atividade faz com que você atinja esse estado de fluxo, fique atento a alguns sinais. A sua atenção está 100% focada no que você está fazendo? Faz a tarefa sem se preocupar em falhar? Esquece do relógio? Então possivelmente está em *flow*. Mas, se não sentir nada disso, tudo bem. Algumas estratégias facilitam esse processo. Em primeiro lugar, tenha metas claras. Pois, à medida que as alcançamos, a motivação aumenta. Por isso, feedbacks são fundamentais aqui. Sentir que tem condições para a tarefa ou o trabalho também faz esse estado de fluxo crescer.

Sendo assim, o desafio não pode ser nem alto, nem baixo demais. Se for alto demais, ficamos ansiosos; se for baixo demais, ficamos entediados. Como a tendência é que nossas habilidades sejam aperfeiçoadas com o tempo, as atividades que realizamos até então, em estado de *flow*, podem se tornar entediantes. Isso exige que os desafios sejam renovados de tempos em tempos.

UMA MENTE CALMA

Há outro ponto fundamental quando o assunto é se conectar consigo mesmo para descobrir o que você tem de melhor: uma mente calma. Em *Silêncio: o poder da quietude em um mundo barulhento*, o monge budista e escritor Thich Nhat Hanh afirma que existe em nossa mente uma rádio ligada vinte e quatro horas por dia, sete dias de semana, a qual ele chama de "Estação PSP" (Pensando Sem Parar). Como nossa mente vive lotada de ruídos, para o monge, não somos capazes de ouvir o chamado da vida. Ele não se refere apenas aos sonoros, mas também aos mentais, como o estresse e a ansiedade. "Nosso coração nos chama, mas não o escutamos",[95] conclui Thich Nhat Hanh. Um ensinamento um tanto quanto espiritual, é verdade, mas que calha perfeitamente com o contexto de desenvolvimento profissional.

Com a vida agitada que levamos, fica difícil acessar esse lugar. Não preciso nem dizer que a principal das nossas distrações é o celular, claro. Uma pesquisa que incluiu diversos países mostrou que o brasileiro passa nove horas por dia no celular, perdendo apenas para os sul-africanos. Faça as contas: são sessenta e seis horas por semana – ou seja, mais de dois dias conectados.[96] Algumas práticas, como artes, esportes, música e/ou meditação, a depender do seu gosto pessoal, podem ser úteis para você encontrar o seu canal criativo e deixar as ideias fluírem.

Existem aqueles que precisam caminhar, outros encontram inspiração na natureza ou nas trocas de experiências com outras pessoas. E há os que preferem a solidão, ou melhor, a solitude, pois há uma diferença entre

---

95 HANH, T. N. **Silêncio**: o poder da quietude em um mundo barulhento. Rio de Janeiro: HarperCollins Brasil, 2016.

96 COELHO, C. Olhando para o celular? Brasileiros passam 9h por dia olhando para a tela. **SBT News**, 26 abr. 2023. Disponível em: https://sbtnews.sbt.com.br/noticia/tecnologia/245878-olhando-para-o-celular-brasileiros-passam-9h-por-dia-de-olho-na-tela. Acesso em: 28 dez. 2024.

ambas. A solidão é ausência de pertencimento, um sentimento de vazio gerado pelo desejo de ter a companhia das pessoas, mas não ter. Já a solitude é um estado de isolamento voluntário e positivo, voltado ao encontro consigo mesmo, ao autoconhecimento.

Em resumo, vimos que há vários caminhos para nos conectarmos com a nossa essência, e todos exigem a sua presença, aqui e agora. Todos nós nascemos com um dom essencial, e feliz é aquele que o deixa aflorar e o compartilha. Se você nasceu com uma voz linda, certamente não foi para cantar para si mesmo. Assim como quem sabe cozinhar com maestria se sente mais realizado ao dividir seus melhores pratos e receitas, quem faz dinheiro com facilidade prospera ao empregar outras pessoas... e por aí vai. Aquele que esconde o próprio talento só está desperdiçando esse dom!

Denize, mas o meu trabalho não tem nada a ver com o meu dom essencial. Será mesmo? Se você for feliz e bem-sucedido naquilo que faz, acho difícil que a sua função não esteja de algum modo ligada às suas principais habilidades. Talvez você as esteja aplicando no seu dia a dia e nem perceba – como um mestre que, absorto nos desafios do ensino, só toma consciência de todo o progresso de seus alunos no dia da graduação. Quando a gente executa algo com distinção, o trabalho traz não só satisfação pessoal, como também bons resultados para a empresa e a sociedade.

No entanto, caso sinta que algum dos seus talentos realmente esteja sendo pouco ou mal aproveitado no trabalho, nada impede que você o aplique em um hobby ou em um projeto social como voluntário, por exemplo. Depois de descobrir o seu dom essencial, é crucial aperfeiçoá-lo e utilizá-lo com intenção e propósito. Para tanto, pratique o autoconhecimento, siga o seu coração e não se compare. Você deve ser apenas você mesmo para ser feliz de verdade. Por fim, o mais importante é saber que o que há de melhor dentro de si deve "transcender" e ser colocado a serviço do mundo. Como veremos no capítulo a seguir, um dos segredos da felicidade é servir. Que seja então por meio daquilo que você faz com paixão.

2ª chave: dom essencial

COMO DESCOBRIR SE ESTOU EXERCENDO O MEU DOM ESSENCIAL NO TRABALHO?

1. Eu gosto da atividade que exerço?
2. Tenho tanto prazer na função que até já a fiz sem ser remunerado?
3. Tenho facilidade em fazer o que eu faço?
4. Consigo entrar em estado de *flow*?
5. Sinto orgulho do meu trabalho? Reconheço o valor que ele tem para mim e para os outros a quem ele impacta?
6. Se eu tivesse de renunciar a outras coisas para poder exercer essa atividade, eu renunciaria?
7. Tenho condições emocionais de enfrentar os momentos difíceis? Os desafios do meu trabalho valem a pena?
8. Estou disposto a investir tempo para me dedicar ao meu aperfeiçoamento? Considero isso importante?
9. As pessoas confiam no meu trabalho? Meus colegas e meu gestor reconhecem que faço um bom trabalho?
10. Consigo ter bons relacionamentos no meu trabalho?

Se você respondeu afirmativamente a no mínimo 70%, isto é, a pelo menos sete perguntas, é bem provável que você trabalhe com o que ama e que esteja alinhado com seu dom essencial. Caso o resultado tenha sido abaixo de 50% (menos de cinco respostas), é bom colocar as coisas em perspectiva. Entender por que você está onde está e por que faz o que você faz é essencial. Quando não gostamos do nosso trabalho, tudo fica mais complicado. E, dependendo do nível de insatisfação, há riscos para a saúde mental.

Você pode dizer "não gosto do meu trabalho, mas preciso do dinheiro". Essa é a realidade de muita gente, mas é preciso estar disposto a mudar. Nada é para sempre. Você pode escolher fazer diferente. É válido traçar um plano de ação nesse processo para criar soluções adequadas a você.

Profissionais aprendem a fazer dinheiro monetizando seus talentos, vendendo a sua mão de obra, o seu serviço ou um produto. Agora pense: existe algo mais prazeroso do que ganhar dinheiro com aquilo que você faz de melhor e que esteja alinhado ao seu estilo de vida? Lembre-se: o trabalho é parte importante de quem somos.

NINGUÉM NASCE SABENDO CAMINHAR, É PRECISO APRENDER – E ISSO ENVOLVE CAIR, LEVANTAR, CAMBALEAR, ATÉ FIRMAR BEM OS PASSOS.

A CIÊNCIA DA FELICIDADE NO TRABALHO
@ DENIZESAVI

CAPÍTULO 7:
3ª CHAVE: SENTIDO E PROPÓSITO

Felicidade é a certeza
de que nossa vida não está
se passando inutilmente.

Érico Veríssimo[97]

---

97 VERÍSSIMO, E. **Olhai os lírios do campo**. São Paulo: Companhia das Letras, 2005.

Depois de entender que a felicidade é um estado muito mais complexo do que o "estar bem o tempo todo" está o fato de que precisamos internalizar que somos capazes de encontrar o que nos faz felizes de verdade. Ou, como denominou Martin Seligman, a felicidade autêntica.[98] E boa parte da solução está em viver com sentido e propósito. Mas o que isso quer dizer na prática, afinal? É o que vamos discutir a partir de agora.

Desde já gostaria de ressaltar que, embora sentido e propósito não sejam a mesma coisa, reuni ambos na mesma chave porque são conceitos complementares. Uma vida com sentido (ou significado) é conectada à essência e à história do indivíduo. Pois não temos como fugir do que somos, nem das coisas por que passamos. Por isso, de certo modo, o sentido que damos à vida também está ligado ao nosso passado, presente e futuro. Como eu cheguei até aqui? De que maneira vivo o aqui e o agora? Quais são os meus planos para o futuro?

Isso importa, e muito, porque diversas pesquisas comprovam que as pessoas que encontram um sentido na vida tendem a ser mais resilientes, se destacar no trabalho e viver mais.[99] Como sugeriu uma pesquisa da Universidade da Califórnia em San Diego (Estados Unidos), por exemplo, a presença e a busca por um sentido na vida influenciam a saúde física e mental de um indivíduo – para o bem e para o mal. Ao entrevistarem mais de mil adultos entre 21 e 100 anos, os cientistas concluíram que a presença

---

98 SELIGMAN, M. **Felicidade autêntica**: use a psicologia para alcançar todo o seu potencial. Rio de Janeiro: Objetiva, 2019.

99 SMITH, E. E. There's More in Life than Being Happy. **TED**, abr. 2017. Disponível em: www.ted.com/talks/emily_esfahani_smith_there_s_more_to_life_than_being_happy/recommendations/transcript?language=pt-br&subtitle=en. Acesso em: 28 dez. 2024.

está associada a condições favoráveis. Já a busca, se não for bem-sucedida, gera estresse, ansiedade e outros problemas emocionais.[100]

Outro achado da pesquisa foi o fato de que, para as pessoas mais velhas, por volta dos 60 anos, esse sentido está no auge. Tanto que a busca por um sentido nessa faixa etária tende a declinar, de acordo com o estudo. Também é esperado, segundo os cientistas, que uma nova busca tenha início a partir dessa fase, considerando-se que os interesses mudam e novas dificuldades surgem (como questões de saúde e perdas de entes queridos).

Acredito que essa pesquisa, assim como outras, demonstre que sentido e propósito são fundamentais em qualquer idade. Por isso, imagino que, em algum momento da sua vida, você também já tenha se questionado sobre as razões pelas quais se levanta da cama todos os dias. Caso ainda não tenha a resposta, fique tranquilo, vou oferecer alguns insights que podem servir de ponto de partida para ajudá-lo nessa reflexão. Começando por Seligman, para quem uma vida com mais sentido é desenvolver o melhor de si para servir a algo além de si mesmo.[101] O que tem tudo a ver com nos conectarmos ao nosso dom essencial, para ele ser aprimorado e compartilhado com o resto do mundo, concorda?

A psicóloga e jornalista Emily Esfahani Smith também fez esta pergunta a centenas de pessoas ao longo de cinco anos: como ter uma vida com mais sentido? O resultado foi compilado no livro *O poder do sentido: os quatro pilares essenciais para uma vida plena*.[102] Assim como Seligman, ela descobriu que não há como dissociar sentido de propósito. E isso não necessariamente está relacionado àquele emprego dos sonhos nem a qualquer outra coisa que almejamos para satisfazer nosso ego.

"Propósito tem mais a ver com o que damos do que com o que recebemos", resumiu Emily em uma palestra TED em que discorreu sobre o tema.[103]

---

100 BRITO, S. Estudo indica que achar um sentido para a vida leva a uma vida mais saudável. **Veja**, 11 dez. 2019. Disponível em: https://veja.abril.com.br/ciencia/estudo-indica-que-achar-um-sentido-para-a-vida-leva-a-uma-vida-saudavel. Acesso em: 28 dez. 2024.

101 SELIGMAN, M. **Florescer**: uma nova compreensão da felicidade e do bem-estar. Rio de Janeiro: Objetiva, 2019.

102 SMITH, E. E. **O poder do sentido**: os quatro pilares essenciais para uma vida plena. Rio de Janeiro: Objetiva, 2017.

103 SMITH, E. *op. cit.*

SENTIDO E PROPÓSITO SÃO FUNDAMENTAIS EM QUALQUER IDADE. POR ISSO, IMAGINO QUE, EM ALGUM MOMENTO DA SUA VIDA, VOCÊ TAMBÉM JÁ TENHA SE QUESTIONADO SOBRE AS RAZÕES PELAS QUAIS SE LEVANTA DA CAMA TODOS OS DIAS.

A CIÊNCIA DA FELICIDADE NO TRABALHO
@ DENIZESAVI

Para a maioria de nós, isso acontece por meio do trabalho. Pois é assim que contribuímos com a sociedade e nos sentimos úteis. "Contudo, também significa que questões como falta de comprometimento, desemprego e taxa de participação na força de trabalho (TPFT)[104] não são problemas meramente econômicos, mas existenciais também", acrescentou.

Nesse contexto, ao perceber claramente que temos um propósito, conseguimos dar ao trabalho o devido valor que ele merece. Independentemente do cargo que ocupamos e o tipo de função que exercemos, percebemos que não somos apenas uma peça de uma engrenagem, e sim indivíduos com potencial de impactar outras pessoas através dele. O trabalho, assim, pode ser encarado como uma fonte de realização também. Claro que salário e planos de carreira são importantes; entretanto, o que move os colaboradores e o que os faz se dedicar de verdade é o reconhecimento do seu valor para o negócio.

Antigamente, a sociedade costumava enaltecer apenas profissões mais requintadas e menos acessíveis, digamos assim. Eram carreiras como Direito, Medicina, o serviço público e até mesmo o sacerdócio. De acordo com Seligman, a ciência quebrou mais esse paradigma, mostrando que qualquer tarefa pode se tornar uma vocação, e o contrário também é verdadeiro. "Um médico que veja seu trabalho como uma tarefa a cumprir e esteja interessado simplesmente em ganhar dinheiro não tem vocação; um coletor de lixo que veja seu trabalho como a missão de fazer do mundo um lugar mais limpo e mais saudável para se viver tem uma vocação".[105]

É o que conclui um aclamado estudo realizado pela Universidade de Nova York,[106] com serventes de hospital, citado por Seligman em *Felicidade autêntica*. A pesquisa, liderada pela psicóloga Amy Wrzesniewski, demonstrou que aqueles que veem as suas responsabilidades como vocação e se

---

104 A Taxa de Participação na Força de Trabalho (TPFT) é um indicador da porcentagem de pessoas em idade de trabalhar (a partir de 14 anos) que estão empregadas ou em busca de trabalho.

105 SELIGMAN, M. *op. cit.*

106 WRZESNIEWSKI, A.; DUTTON, J. E.; DEBEBE, G. Interpersonal Sensemaking and the Meaning of Work. **Research in Organizational Behavior**, v. 25, p. 93-135, 2003. Disponível em: https://doi.org/10.1016/S0191-3085(03)25003-6. Acesso em: 28 dez. 2024.

consideram importantes para o processo de cura dos pacientes acabam por dar significado ao próprio trabalho. Como consequência, tendem a se tornarem mais eficientes também. Enquanto isso, os sem vocação se enxergam "apenas" como faxineiros. O que parece óbvio, mas não era quando o estudo foi realizado no início dos anos 2000. Tanto que ele se tornou uma referência e ainda hoje é citado em inúmeros artigos científicos quando o assunto é sentido e propósito relacionado ao trabalho.

Eu mesma me inspiro nas descobertas durante conversas e treinamentos com os colaboradores da Chilli Beans, empresa da qual sou CHO desde 2023. O objetivo é fazer com que todos por lá, do funcionário do escritório ao vendedor no ponto de venda, entendam que comercializamos mais do que óculos de sol ou óculos de grau. Nossos produtos, indiretamente, promovem a autoestima, o bem-estar e a saúde ocular dos consumidores.

TRANSCENDÊNCIA

Você não precisa obrigatoriamente encontrar propósito no trabalho. Desde que ele não vá contra seus princípios e valores, está tudo certo. Essa descoberta pode ser transferida para outra coisa que faça seus olhos brilharem: um trabalho voluntário ou um projeto pessoal que impacte a sua comunidade, por exemplo. Para muitos pais, a maior razão de ser está em criar os filhos e prover para a família. Nessas tarefas e atividades, podem residir um ou mais "porquês" que impulsionam as pessoas. Outro ponto é que o propósito não precisa ser algo grande e/ou extraordinário, basta ser capaz de transcender a si mesmo. Entende aonde quero chegar? O segredo do propósito, portanto, é usar os pontos fortes para servir aos outros.

Não é novidade, mas não custa lembrar que tal dedicação é uma via de mão dupla, ou seja, traz vantagens tanto para quem faz quanto para quem recebe. Um conhecimento tão antigo que é exaltado até em vários versículos bíblicos e na famosa Oração de São Francisco, reforçando que doar também é uma bênção.[107] Os avanços tecnológicos das últimas décadas possibilitaram que o benefício fosse comprovado cientificamente.

---

107 Em um trecho da famosa oração, diz-se "Pois é dando que se recebe".

Por meio de exames de ressonância magnética, um estudo mundial que contou com a participação de cientistas brasileiros analisou a atividade cerebral de voluntários enquanto realizaram diversos testes.[108] Os pesquisadores observaram que doar ativa o mesmo sistema de recompensa cerebral que ganhar dinheiro. Imagine, então, o quanto podemos ficar felizes – e transcender – quando aplicamos nossos talentos naquilo de que gostamos e em que somos bons, com a certeza de que estamos fazendo diferença no dia a dia das pessoas.

A transcendência, aliás, é, segundo Wrzesniewski, Dutton e Debebe, outra via que as pessoas utilizam para encontrar sentido. Estados transcendentes, conforme explicam as autoras, são aqueles raros momentos em que pairamos acima da correria do dia a dia e nosso senso de eu se dissipa de modo que nos conectamos a algo maior que nós mesmos.[109] Qualquer semelhança com o estado de *flow*, do qual falamos no capítulo anterior, não é mera coincidência! Algumas pessoas se sentem dessa maneira – a ponto de perderem a noção de tempo e lugar – em atividades de intensa concentração, como rezar, meditar e louvar. E apesar de a palavra "transcendência" remeter a uma experiência religiosa ou esotérica, também conseguimos transcender a nós mesmos por meio da arte, da música, da dança e, claro, do próprio trabalho.

Ainda que sentido e propósito não sejam sinônimo de espiritualidade, assim como ter fé, ambos são fundamentais para enfrentar os obstáculos e desafios inerentes à vida. "Quem tem por que viver pode suportar quase qualquer como", sentenciou o filósofo Friedrich Nietzsche (que, aliás, era ateu), citado por Frankl.[110] E esse porquê costuma ser chamado pelos japoneses de *ikigai*.

---

108 AZEVEDO, A. L. Neurocientistas brasileiros desvendam como o cérebro processa valores como altruísmo. **O Globo**, 7 set. 2015. Disponível em: https://oglobo.globo.com/saude/ciencia/neurocientistas-brasileiros-desvendam-como-cerebro-processa-valores-como-altruismo-17420410. Acesso em: 28 dez. 2024.

109 WRZESNIEWSKI, A.; DUTTON, J. E.; DEBEBE, G. *op. cit.*

110 FRANKL, V. E. **Em busca de sentido**: um psicólogo no campo de concentração. Petrópolis: Vozes, 1991.

VOCÊ NÃO PRECISA OBRIGATORIAMENTE ENCONTRAR PROPÓSITO NO TRABALHO. DESDE QUE ELE NÃO VÁ CONTRA SEUS PRINCÍPIOS E VALORES, ESTÁ TUDO CERTO.

A CIÊNCIA DA FELICIDADE NO TRABALHO
@ DENIZESAVI

Não temos uma palavra em português para traduzir o termo, no entanto ele é compreendido como razão de viver.[111] O *ikigai* pode ser algo simples ou grandioso ou, ainda, consistir em pequenos hábitos que levam a conquistas maiores – e também não está necessariamente relacionado ao trabalho. Ele teve origem na ilha de Okinawa, no Japão, local conhecido por ter uma vasta população centenária. Dali, ganhou notoriedade no resto do mundo em meados dos anos 2000, após ser destacado no projeto Blue Zones [zonas azuis, em tradução livre], da National Geographic Society.[112] O objetivo do projeto era exatamente este: mapear regiões com o maior número de pessoas acima de 100 anos no planeta, as quais foram chamadas de Zonas Azuis. Além de Okinawa, ganharam destaque Sardenha (Itália), Loma Linda (Estados Unidos), Península de Nicoya (Costa Rica) e Icaria (Grécia).

Após concluir a missão, Dan Buettner, explorador responsável pelo projeto, listou também os possíveis motivos por trás da longevidade de seus habitantes, como levar uma vida fisicamente ativa, viver perto da família (e colocá-la em primeiro lugar), desacelerar sempre que possível, manter uma alimentação que priorize vegetais e – adivinha? – ter um propósito! Os aprendizados que Buettner coletou nas Zonas Azuis se transformaram em um livro homônimo,[113] best-seller do *New York Times*, e mais recentemente em um documentário da Netflix.[114] Recomendo!

A SUA BÚSSOLA

Como já falei por aqui, a nossa sociedade hoje é praticamente obcecada pela busca da felicidade. Mas o que aprendemos sobre como ser feliz, em vez de preencher a nossa alma, pode nos conduzir a um grande vazio existencial. As crescentes estatísticas sobre depressão e ansiedade, citadas anteriormente,

---

111 ONTIVEROS, E. O que é o ikigai, o segredo japonês para uma vida longa, feliz e saudável. **BBC News**, 2 jun. 2018. Disponível em: www.bbc.com/portuguese/geral-44293333. Acesso em: 28 dez. 2024.

112 BUETTNER, D. **Zonas azuis**. São Paulo: nVersos, 2018.

113 *Ibidem*.

114 COMO viver até os 100: os segredos das Zonas Azuis. Direção: Clay Jeter. EUA: Netflix, 2023. Disponível em: www.netflix.com/br/title/81214929. Acesso em: 28 dez. 2024.

comprovam isso. A sensação é de que nunca a humanidade procurou tanto a felicidade, e, apesar disso, nunca esteve tão infeliz.

A esta altura, você deve ter percebido que o autoconhecimento (sempre ele!) é a base do sentido e do propósito. Preciso saber quem sou e o que quero a fim de escolher para onde vou. Isso significa que, para encontrar ambos, é preciso agir com intencionalidade. Sem planejamento, a chance de se sentir desmotivado e/ou perdido é imensa. Pois a felicidade não acontece apenas em momentos pontuais e aleatórios; ela é uma construção de médio e longo prazos, que exige dedicação nos bons e maus momentos.

O renomado psiquiatra austríaco Viktor Frankl, criador da logoterapia,[115] confabulou sobre o sentido da vida quando esteve à beira da morte em um campo de concentração nazista na Segunda Guerra Mundial. "O que leva uma pessoa privada de tudo a persistir?" foi a sua grande questão. Frankl acreditava que o ser humano pode transcender mesmo em meio às piores atrocidades, desde que tenha algo maior ao que se apegar. No caso dele, em alguns momentos, foi a imagem de sua esposa (ou do próprio amor, como ele definiu). Os ensinamentos de Frankl, ainda atuais, dão conta de que viver, inevitavelmente, é padecer. Portanto, devemos ter consciência disso para encontrar um sentido e não sofrer em vão. "Essas pessoas estão se esquecendo de que muitas vezes é justamente uma situação exterior extremamente difícil que dá à pessoa a oportunidade de crescer interiormente para além de si mesma", escreveu, em referência aos (muitos) prisioneiros que desistiram de lutar.[116]

À medida que vencemos os obstáculos que a vida nos impõe, aumenta o nosso senso de autorrealização, tema da próxima chave. O sentido e o propósito funcionam, portanto, como uma bússola nesta viagem, para não corrermos o risco de navegar à deriva.

---

115 Abordagem da psicoterapia que foca o "dilema humano" para ajudar o paciente a superar crises existenciais.

116 FRANKL, V. E. *op. cit.*

QUAL É A SUA HISTÓRIA NO TRABALHO?

Pergunte a si mesmo "qual é o meu porquê profissional?" e escreva tudo o que vem à sua cabeça, sem julgamentos e sem se preocupar com os erros. Esse exercício é útil para entender como você conta a sua própria história, o que, hoje, convencionou-se chamar de *storytelling*. Tal recurso é bastante usado na publicidade, por exemplo, para gerar identificação ou inspirar os consumidores. Aqui, o objetivo é fazer você pensar no que o motiva. Uma mesma história pode ter várias versões – lembra-se do estudo com os serventes de hospital? Não existe resposta certa ou errada, no entanto, talvez você descubra que está na hora de mudar a sua perspectiva ou de sair à procura de novos caminhos.

A FELICIDADE NÃO ACONTECE APENAS EM MOMENTOS PONTUAIS E ALEATÓRIOS; ELA É UMA CONSTRUÇÃO DE MÉDIO E LONGO PRAZOS, QUE EXIGE DEDICAÇÃO NOS BONS E MAUS MOMENTOS.

A CIÊNCIA DA FELICIDADE NO TRABALHO
@ DENIZESAVI

CAPÍTULO 8:
4ª CHAVE: AUTORREALIZAÇÃO

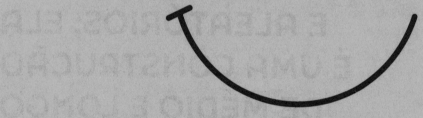

Assim como a felicidade, o conceito de autorrealização norteia não apenas a Psicologia Positiva, como também diversas áreas do conhecimento humano. A busca por se realizar pessoalmente também faz parte da religião e da Filosofia, por exemplo, mas provavelmente com significados e objetivos um tanto diferentes. À luz da Ciência da Felicidade, a autorrealização é sinônimo de dar oportunidade para que as nossas capacidades e habilidades saiam do âmbito da imaginação e do pensamento e se tornem realidade.[117]

A reflexão que fizemos até aqui nos mostrou a importância do **autoconhecimento** e da **inteligência emocional** para atingir todo o seu potencial e perceber aonde você quer e pode chegar, assim como da descoberta do seu **dom essencial** (ou seja, aquilo que você faz bem e flui com naturalidade). A partir daí, é possível compreender o que dá **sentido** à sua existência e colocar os seus talentos a serviço de um bem maior, para que eles transcendam e aproximem você do seu **propósito**. Depois de entender tudo isso, é chegada a hora de partir para a ação. Afinal, somente quando colocar toda essa sabedoria em prática, você vai se sentir realizado de fato. A **autorrealização** é, portanto, uma consequência do seu esforço, quando e se você aplica o seu potencial em algo em que acredita.

Todos nós nos esforçamos para satisfazer nossas necessidades pessoais e profissionais, de modo geral, visando a uma constante evolução. Você não teria começado a ler este livro se não concordasse com isso. Uma busca quase infinita, como tenho falado desde o início; porque, sempre que suprimos uma necessidade, criamos outra. Essa procura, por sua vez, está diretamente atrelada ao sentido de autorrealização e, por consequência, à felicidade.

---

117 AUTORREALIZAÇÃO. *In:* DICIONÁRIO online de português. Disponível em: www.dicio.com.br/autorrealizacao. Acesso em: 16 jan. 2025.

Para a Psicologia Humanista (uma das bases da Psicologia Positiva), também chamada de Psicologia do Ser, a autorrealização funciona como um objetivo comum a ser alcançado por todos os indivíduos.[118] De acordo com esse ramo da Psicologia, que surgiu nos anos seguintes à Segunda Guerra Mundial, o indivíduo não é vítima de sua história, mas um agente com livre-arbítrio para transformá-la.[119] Por essa razão, segundo a Psicologia Humanista, a autorrealização é algo que está inserido na natureza humana. Sendo assim, não é preciso inventá-la, e sim descobri-la, pois já está dentro de nós. Nesse contexto, essa necessidade de se autorrealizar também pode ser uma força motriz para nos mantermos motivados.

Ao refletir sobre essa questão, o psicólogo norte-americano Abraham Maslow, um dos criadores da Psicologia Humanista, desenvolveu em 1943 a Teoria da Motivação Humana.[120] Nela, Maslow relacionou e organizou, de maneira hierárquica, as necessidades que os indivíduos devem conquistar a fim de prosperar em todas as áreas da vida. Pois, como ele próprio afirmou, "o que os humanos podem ser, eles devem ser".

A HIERARQUIA DAS NECESSIDADES HUMANAS

Por sua criatividade, a ideia ganhou o mundo e, nos anos 1960, passou a ser apresentada por diversos autores de uma maneira ainda mais didática, na forma de uma pirâmide. Nascia então a Teoria da Hierarquia das Necessidades Humanas ou A Pirâmide de Maslow, ainda hoje uma referência na gestão de recursos humanos no mundo corporativo (confira a imagem no final deste capítulo). Vamos entender o porquê?

---

118 RAMOS, E. A. Auto-realização: uma necessidade existencial. **Revista Educação em Debate**, UFC. Fortaleza. v. 3, n. 2, p. 53-66, 1980. Disponível em: https://repositorio.ufc.br/bitstream/riufc/30774/1/1980_art_earamos.pdf. Acesso em: 17 jan. 2025.

119 TERAPIA humanista: o que é e como funciona na prática. **Vittude**, 23 nov. 2023. Disponível em: www.vittude.com/blog/terapia-humanista/. Acesso em: jul. 2024.

120 SAMPAIO, J. R. O Maslow desconhecido: uma revisão de seus principais trabalhos sobre motivação. **Revista de Administração - RAUSP**, v. 44, n. 1, jan./mar., 2009, p. 5-16. Disponível em: www.redalyc.org/pdf/2234/223417526001.pdf. Acesso em: 16 jan. 2025.

Na base da pirâmide estão as necessidades fisiológicas, que também podem ser consideradas urgentes por nos manterem vivos. A respiração, a comida, a água, o sono, a reprodução, entre outras. Depois, há a necessidade de segurança, o que inclui cuidados com a saúde, recursos, estabilidade, enfim, tudo o que for pré-requisito para manter uma pessoa fora de perigo. Subindo mais um pouco na pirâmide, vêm as necessidades sociais, de se relacionar com os outros, de receber carinho e afeto, de sentir-se pertencente a um grupo... em suma, as conexões humanas. Essa é a parte que envolve amor, amizade, família, comunidade.

Na sequência, encontra-se a necessidade de estima, que pode ser compreendida como a demanda por prestígio, reconhecimento, confiança e, claro, autoestima. Apesar de todo mundo buscar tudo isso – tanto na vida pessoal quanto na profissional –, essa é a necessidade de realização que mais conversa com o trabalho. No topo está a autorrealização, também chamada de necessidade de crescimento (autoatualização).

Muita gente não sabe, mas posteriormente, em 1954, Maslow acrescentou ainda mais dois tópicos à sua teoria. São eles: o desejo de saber e entender, que compreende a aspiração pela organização, análise e construção de um sistema de valores, entre outros; e as necessidades estéticas, ou seja, os impulsos à simetria, à beleza e à simplicidade.

Para Maslow, as necessidades humanas estão classificadas em uma ordem de certa preponderância. A cada desejo que for atendido, a tendência do ser humano é emergir para o seguinte, cada vez mais sofisticado. Se falta suprir carências básicas, como comida e abrigo, por exemplo, não há como alguém pensar nos níveis superiores. Este é um alerta para donos, gestores e líderes de empresas: é impossível discutir a felicidade no trabalho sem antes oferecer as condições essenciais de "sobrevivência" aos colaboradores. Vale destacar ainda que todas as necessidades podem motivar e influenciar as pessoas simultaneamente.

Como você viu no início deste capítulo, para chegar ao topo da pirâmide, é preciso saber aproveitar todo o seu potencial fazendo aquilo que ama. Claro que, para alcançá-lo, no entanto, você deve compreender o seu papel no mundo, ou seja, por que se levanta da cama todos os dias.

4ª chave: autorrealização

É preciso também ir além das questões filosóficas que acompanham essa premissa: revisitar a própria história, encontrar os seus talentos (ou um *daemon* para chamar de seu), desenvolver conexões e criar um plano – basicamente, colocar-se em movimento. Como dizia Aristóteles, a felicidade não é para os inertes, é para os ativos. Uma frase que a pesquisadora e fundadora do Instituto Feliciência, Carla Furtado, costumava citar, com um adendo: dá trabalho ser feliz, mas dá muito mais trabalho ser infeliz.

A AUTORREALIZAÇÃO PROFISSIONAL

Sabemos que a Teoria da Hierarquia das Necessidades Humanas não foi concebida com foco apenas no desenvolvimento profissional. Por que razão, então, ela teria se tornado tão popular no universo das corporações? Provavelmente porque o trabalho é, sim, um meio de autorrealização. Você com certeza já encontrou muitas e muitas pessoas plenamente felizes no exercício de suas tarefas profissionais. Professores, enfermeiros, cuidadores e outros são famosos por isso.

Conforme você aprendeu na Introdução do livro, a compreensão do trabalho como fonte de identidade e autorrealização teve início com o advento do Renascentismo, movimento cultural, político e econômico que surgiu na Itália em meados do século XIV e inaugurou a Idade Moderna. Um processo que sofreu um baque com a chegada da Revolução Industrial, no século XVIII.[121] Nessa época, não só a manufatura dos produtos começou a ser substituída pelas máquinas, como os lucros foram transferidos aos patrões. As condições de trabalho e a satisfação dos funcionários, obviamente, não eram prioridades.

A situação melhorou somente a partir do final dos anos 1920, com o surgimento da Teoria das Relações Humanas.[122] Esse movimento é fruto

---

121 MARQUES, J. R. Escala de Maslow: a necessidade da autorrealização no trabalho. **IBC**, 31 mar. 2021. Disponível em: www.ibccoaching.com.br/portal/motivacao-pessoal/escala-de-maslow-a-necessidade-da-autorrealizacao-no-trabalho/. Acesso em: 16 jan. 2025.

122 O QUE é a Teoria das Relações Humanas? 1 Vídeo (3min37s), 2024. Publicado pelo canal Economia para Iniciantes – com Gabriel Braga. Disponível em: www.youtube.com/watch?v=qHrCHTUTq_I. Acesso em: 16 jan. 2025.

de um famoso experimento realizado nos Estados Unidos por cientistas da Harvard Business School (entre eles, o psicólogo Elton Mayo) na fábrica de componentes telefônicos Western Electric Company, de 1927 a 1932. Com quatro fases, o estudo avaliou as condições de trabalho de maneira integral, propondo algumas mudanças: desde a iluminação do local aos horários de descanso e oferta de lanches, assim como os relacionamentos entre os funcionários e gestores. A conclusão foi de que a produtividade é influenciada positivamente pelos benefícios concedidos aos trabalhadores, mas também pelo reconhecimento pessoal (dos colegas e dos superiores) e pela sensação de pertencimento. Ao final, os cientistas descobriram que fatores psicológicos impactam o desempenho e a motivação dos colaboradores: aqueles satisfeitos são os mais eficientes.

Os resultados possivelmente surpreenderam todos, afinal o fato de que precisamos nos engajar para nos manter motivados e bater metas era ignorado até então. De tal forma que a Teoria das Relações Humanas começou a modificar o jeito de pensar das organizações – pois os funcionários deixaram de ser apenas uma peça a mais do maquinário – e marcou o início de conquistas e transformações importantes para os trabalhadores ao longo do século XX. Os exemplos incluem direitos trabalhistas, novas regras e legislações e uma consciência da sociedade sobre as condições e o propósito do trabalho.

Ainda assim, o conceito de autorrealização profissional não tem tanta atenção quanto deveria, na minha opinião, dentro das organizações até os dias de hoje. Para que seus colaboradores alcancem o nível máximo da pirâmide, ou seja, para que se sintam minimamente realizados, as empresas devem começar pelo básico (salários, expediente, estrutura e tempo de descanso adequados), sem dúvida, além de oferecer condições seguras de trabalho. Só a partir daí é possível investir nas necessidades sociais, ao promover relações saudáveis, reconhecimento, bonificações e autonomia, entre outros benefícios.

Embora a autorrealização no trabalho esteja inserida em um contexto coletivo, também é uma busca individual. Afinal, cada um de nós é responsável pela própria felicidade, como já disse e vou repetir outras vezes por aqui. Qual é a parte que cabe ao colaborador, então? Além de ter plena consciência de suas habilidades, ele precisa enxergar a relevância do próprio trabalho.

4ª chave: autorrealização

Melhor dizendo, nem o bônus mais alto pode motivar, sozinho, o trabalhador que não se sente uma parte importante do processo, como um tijolo de uma construção. O que nos conduz, mais uma vez, ao conceito da Universidade de Berkeley sobre felicidade no trabalho: a percepção de que o tempo ali é bem vivido com motivação, e de que o que você faz tem valor.

AS CARACTERÍSTICAS DAS PESSOAS AUTORREALIZADAS

Em 2020, o psicólogo Scott Barry Kaufman, em uma nova interpretação da Teoria da Hierarquia das Necessidades Humanas,[123] escreveu o livro *Transcend: The New Science of Self-actualization* [Transcender: a nova ciência da autoatualização, em tradução livre]. Na obra, Kaufman propõe que a pirâmide seja substituída por um veleiro, considerando-se que a vida dos seres humanos não é uma pista de corrida para chegar ao topo, mas um vasto oceano. Autoestima, conexão e segurança formam a base da embarcação, enquanto exploração, amor e propósito são a vela. Nessa metáfora, a transcendência é o maior grau a ser alcançado, acima de tudo. O ponto alto dos estudos de Kaufman, no entanto, é a criação de uma escala com as características das pessoas autorrealizadas. Listo as dez mais comuns a seguir,[124] então veja com quantas você se identifica:

1. **Apreciação contínua:** sabe apreciar as coisas simples da vida, mesmo que elas pareçam pouco importantes para os demais;
2. **Aceitação:** aceita suas particularidades, sem culpa ou medo do julgamento alheio;
3. **Autenticidade:** mantém a dignidade mesmo em meio a situações pouco dignas;
4. **Equanimidade:** sabe encarar os altos e baixos da vida com neutralidade;
5. **Propósito:** conhece a sua missão de vida;

---

123 SAILBOAT Metaphor. **SBK**. Disponível em: https://scottbarrykaufman.com/sailboat-metaphor/. Acesso em: 16 jan. 2025.

124 CHARACTERISTICS of Self-actualization Scale. **SBK**. Disponível em: https://scottbarrykaufman.com/characteristics-of-self-actualization-scale/. Acesso em: 16 jan. 2025.

6. **Percepção eficiente da realidade:** sempre tenta compreender como as coisas e as pessoas são de fato;

7. **Humanitarismo:** é altruísta;

8. **Experiência de pico:** sente que os seus horizontes e as suas oportunidades estão sempre se ampliando;

9. **Boa intuição moral:** reconhece os próprios erros;

10. **Espírito criativo:** age com criatividade em tudo o que faz.

Se você está se perguntando qual é a "melhor" teoria, a de Maslow ou a de Kaufman, saiba que não há necessidade de escolher uma ou outra. Tanto a autorrealização quanto a autotranscendência são primordiais para uma existência plena. E o que vem depois que a gente atinge esse grau máximo, digamos assim, do desenvolvimento humano?

Há sempre a possibilidade, para não dizer o risco, de você querer cada vez mais. Por isso, vale aquela máxima: cuidado com o que deseja. A sua felicidade está calcada no prazer (hedonismo) ou na virtude (eudaimonia)? Lembre-se de que a primeira é passageira, uma vez que acaba em si mesma. Enquanto isso, o esforço pela autorrealização promove o bem-estar no longo prazo, aquela sensação conhecida pelas pessoas que vivem conforme seus valores.

O que quero dizer é que não dá para trabalhar apenas pelo salário no fim do mês. O ideal é almejar por algo que nos realize e, continuamente, nos instigue. Para tanto, vale refletir sobre tudo o que você já viveu e o que ainda quer viver. Aquele conselho já meio batido, eu sei, mas que continua atual: não tenha medo de experimentar novos desafios. Mesmo que seja necessário se despedir de um ciclo (ou crenças) para iniciar outro. Um conceito que recentemente passou a ser chamado de mentalidade de crescimento.[125] Encontramos a plenitude quando nos mantemos em movimento!

Pouco adianta descobrir aquilo que o move se você não tem a possibilidade de aprimorar os seus talentos e dividi-los com outras pessoas em prol de um objetivo maior. Por isso, no momento em que conseguir transportar aquilo que fala mais alto no seu coração, do pensamento para a realidade, e se autorrealizar, automaticamente também vai trazer a sua felicidade para o presente. Não é mais algo que foi, será ou poderia ter sido, e sim a sua verdade.

---

125 DWECK, C. S. **Mindset**: a nova psicologia do sucesso. São Paulo: Objetiva, 2017.

QUÃO REALIZADO VOCÊ É NO TRABALHO?

Dez perguntas para fazer a si mesmo e encontrar a sua resposta.

Apresento soluções criativas no meu trabalho?	Lido com os desafios que surgem no dia a dia com tranquilidade?
Os meus colegas respeitam a minha opinião?	Sou fiel aos meus valores?
Tenho um relacionamento amigável com a equipe?	Reconheço que sou uma peça importante na "engrenagem" da empresa?
Sinto-me ameaçado em relação ao meu desempenho por algum colega?	Sou grato pelo meu trabalho/emprego?
Admito quando erro?	A minha maior motivação para trabalhar é o salário?

PIRÂMIDE DE MASLOW

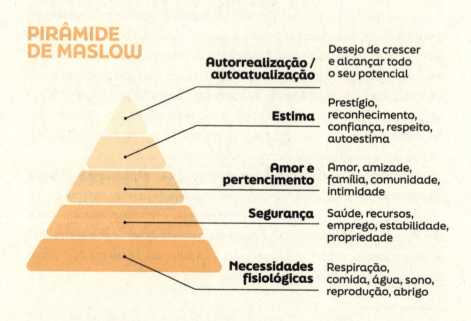

Autorrealização / autoatualização — Desejo de crescer e alcançar todo o seu potencial

Estima — Prestígio, reconhecimento, confiança, respeito, autoestima

Amor e pertencimento — Amor, amizade, família, comunidade, intimidade

Segurança — Saúde, recursos, emprego, estabilidade, propriedade

Necessidades fisiológicas — Respiração, comida, água, sono, reprodução, abrigo

122 A ciência da felicidade no trabalho

POUCO ADIANTA DESCOBRIR AQUILO QUE O MOVE SE VOCÊ NÃO TEM A POSSIBILIDADE DE APRIMORAR OS SEUS TALENTOS E DIVIDI-LOS COM OUTRAS PESSOAS EM PROL DE UM OBJETIVO MAIOR.

A CIÊNCIA DA FELICIDADE NO TRABALHO
@ DENIZESAVI

CAPÍTULO 9:
5ª CHAVE: CONEXÃO HUMANA E RELACIONAMENTOS

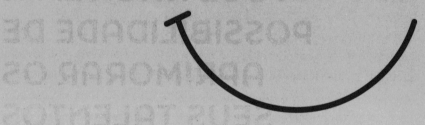

Certa vez, durante uma palestra, um aluno perguntou à antropóloga Margaret Mead (1901–1978) qual era o primeiro sinal de civilização em uma cultura.[126] Em vez de responder que seriam ferramentas de caça, recipientes de barro ou artefatos religiosos, como todos ali imaginavam, a especialista citou um fêmur fraturado de 15 mil anos, encontrado em um sítio arqueológico. Mead, então, explicou que, sem a ajuda da medicina moderna, o maior osso do corpo humano exige seis semanas de descanso para ser curado.

No reino animal, de modo geral, para quem quebra a pata ou um membro, a única alternativa é ser deixado para trás e morrer. O osso em questão havia quebrado e calcificado. Um sinal de que o indivíduo que se machucou foi carregado, cuidado e curado por uma pessoa (ou várias). Essa atenção com o próximo, na opinião da antropóloga, representa um marco no processo civilizatório. Muita gente questiona a veracidade dessa história, visto que não há registro escrito ou gravado da palestra, mas, mesmo assim, ela se tornou mundialmente conhecida. Em primeiro lugar, por ser bastante inspiradora. Além disso, na minha opinião, por refletir como a vida em grupo foi crucial para a nossa sobrevivência enquanto espécie, uma constatação histórica bastante documentada.

"Os humanos pré-históricos enfrentavam ameaças que dificilmente conseguiríamos conceber nos dias de hoje. Tinham um corpo semelhante ao nosso, mas a tecnologia primitiva lhes fornecia apenas um mínimo de proteção contra o meio ambiente e os predadores", escrevem os psiquiatras Robert Waldinger e Marc Schulz em *Uma boa vida: como viver com mais significado e*

---

126 BLUMENFELD, R. How a 15.000 Year-old Human Bone Could Help You Through the Corona Crisis. **Forbes**, 21 mar. 2020. Disponível em: www.forbes.com/sites/remyblumenfeld/2020/03/21/how-a-15000-year-old-human-bone-could-help-you-through-the--coronavirus/. Acesso em: 28 dez. 2024.

realização,[127] livro que traz as principais histórias, bastidores e descobertas do estudo de Harvard sobre o desenvolvimento adulto, já citado anteriormente. E os autores complementam: "Praticamente não havia cura para ferimentos ou outros problemas de saúde. Uma dor de dente podia acabar em morte. Eles levavam uma vida curta, difícil e, provavelmente, aterrorizante. E mesmo assim sobreviveram. Por quê?".[128]

Não é difícil imaginar a resposta, ainda mais depois de tudo o que vimos até aqui. "Sobreviveram porque eram sociáveis", resumem. Como você já sabe, a pesquisa de Harvard teve início em 1938 e é a mais longa do mundo a respeito do bem-estar. Atualmente, Waldinger é o diretor principal do estudo, e Schulz, um dos diretores associados, e nessa importante obra ambos provam por A+B que a conexão humana e as relações de qualidade e confiança são a base da felicidade. Em outros termos, somos seres gregários, desde os tempos das cavernas andávamos em bando, cuidando uns dos outros para resistir às intempéries. Carregamos no nosso código genético a informação de que precisamos de nossos semelhantes. Nada mais óbvio, então, do que a nossa necessidade de nos relacionarmos, assim como de sermos aceitos e pertencermos a um grupo.

Além dos pesquisadores de Harvard, quem também acredita fortemente nessa hipótese é Martin Seligman. Em *Felicidade autêntica*, o livro em que apresentou sua primeira teoria a respeito dos componentes da felicidade, o precursor da Psicologia Positiva ressalta que, embora muitos cientistas sociais afirmem que o casamento é uma instituição criada pela sociedade, isto é, uma construção social, as estruturas da união de um casal também estão possivelmente enraizadas na evolução.

"A reprodução bem-sucedida da nossa espécie não é questão de fertilizar rapidamente e cada um seguir seu caminho. Os seres humanos nascem com um cérebro grande e imaturo, precisando aprender muito com os pais. Essa vantagem só funciona quando aliada à formação do casal", afirma Seligman. "Portanto, nossos ancestrais que se dispuseram a assumir um

---

127 WALDINGER, R; SCHULZ, M. **Uma boa vida**: como viver com mais significado e realização. Rio de Janeiro: Sextante, 2023.
128 *Idem*.

126 A ciência da felicidade no trabalho

compromisso tinham muito mais possibilidade de ter filhos capazes de sobreviver e passar seus genes adiante. Então o casamento foi 'inventado' pela seleção natural e não pela cultura", completa.[129]

Mas qual é a relação disso tudo com a felicidade no trabalho? Apesar de, todos os dias, milhões de pessoas se levantarem da cama para trabalhar, seja para alguém, seja para si mesmos, em um escritório ou na própria casa, arrisco dizer que a maioria o faz para pagar as contas. Se questionadas, talvez algumas respondam que o motivo principal seria realizar seus sonhos, seguir um propósito ou, com sorte, ambos. Mas certamente nenhuma (ou quase ninguém) diria que trabalha para fazer amigos. No entanto, os relacionamentos proporcionados por meio do trabalho são uma fonte considerável de novas (e boas) conexões humanas.

Pense comigo: nós nos relacionamos em todos os lugares, mas onde é que passamos a maior parte de nossos dias? Isso mesmo, no trabalho! Mesmo assim, é difícil associarmos o ambiente profissional a amizades. Até porque nesses lugares, especialmente naqueles onde há muita pressão, alta competitividade e que ainda operam nos moldes da gestão calcada em comando e controle, algumas relações podem ser extremamente tóxicas. Por essa razão, este capítulo tem o objetivo de falar da importância de desenvolvermos algumas habilidades para obter sucesso em todas as nossas relações – incluindo as profissionais, já que convivemos com nossos colegas, chefes e/ou clientes mais do que com nossos próprios familiares e amigos.

QUANTO MAIS AMIGOS, MELHOR

As conexões realizadas no local de trabalho, conforme o número de pessoas que você conhece e quão próximo se sente delas, impactam também a sua performance. É o que mostra um levantamento feito pela empresa de consultoria e treinamento profissional BetterUp, nos Estados Unidos.[130] O número de conexões pode fazer as pessoas alcançarem metas com mais

---

129 SELIGMAN, M. *op. cit.*

130 WOOL, M. 43% of Us Don't Feel Connected at Work. **BetterUp**, 21 jun. 2022. Disponível em: www.betterup.com/blog/connection-crisis-what-you-can-do. Acesso em: 28 dez. 2024.

frequência e apresentarem maior crescimento profissional (até 92% a mais!). De acordo com a BetterUp, ter de cinco a sete colegas amigáveis gera conexão e pertencimento. Com dez, essa sensação de vínculo é ainda melhor.

As vantagens de se ter boas relações no trabalho não param aí. Relacionamentos positivos desenvolvidos nesse espaço também são fatores que ajudam a promover a saúde e a diminuir o estresse; isso sem contar que geram menos impacto negativo na vida doméstica, segundo os cientistas do estudo de Harvard sobre o desenvolvimento adulto, Waldinger e Schulz. E as organizações também têm muito a ganhar com isso. Ou perder.

Em seu livro *Como ser feliz no meu trabalho?*,[131] o psicólogo e especialista em motivação humana Ron Friedman aponta que os funcionários com mais amigos tendem a ficar mais tempo no mesmo emprego. Uma vantagem para os empregadores, se a gente considerar que, nos dias de hoje, ser fiel a uma organização é raro em comparação a algumas décadas atrás. Dificilmente alguém começa e termina a carreira na mesma empresa, como acontecia com certa frequência tempos atrás.

Friedman chama ainda a atenção para outro viés. Quando faltam amizades no trabalho, o ambiente se torna propício ao que os psicólogos classificam como "perda processual". Por definição, isso quer dizer "energia desperdiçada e perda de produtividade causadas por dificuldades interpessoais". No dia a dia, são aquelas situações de que todos nós já ouvimos falar ou que vivenciamos na pele de ruídos na comunicação, falta de colaboração, tensões não resolvidas e, em última instância, disputas de poder.

Obviamente, via de regra, temos pouca ou nenhuma liberdade para escolher as pessoas com quem "dividimos a baia" no dia a dia. Se podemos decidir com quem vamos nos relacionar nos contextos pessoais, isso não acontece nos contextos profissionais. Quando nos interessamos por uma vaga, mandamos o currículo e passamos por um processo seletivo. Porém, em nenhum momento somos indagados sobre o tipo de colega com quem gostaríamos de trabalhar. Mas, veja pelo lado positivo, essa pode ser uma oportunidade única para conhecer pessoas com quem você talvez sequer trocaria uma palavra fora dali.

---

131 FRIEDMAN, R. **Como ser feliz no meu trabalho?** A neurociência explica o que fazer para transformar seu ambiente de trabalho rumo à autorrealização. São Paulo: nVersos, 2017.

A CONEXÃO HUMANA E AS RELAÇÕES DE QUALIDADE E CONFIANÇA SÃO A BASE DA FELICIDADE.

A CIÊNCIA DA FELICIDADE NO TRABALHO
@ DENIZESAVI

Ao trocar ideia com um colega da equipe, você pode descobrir que ele é um excelente cozinheiro, músico ou dançarino, enfim, ter inúmeros interesses com os quais você se identifica e que vão muito além das habilidades profissionais. Nesse momento, pode nascer uma amizade que vai lhe render inúmeros frutos, dentro e fora da empresa.

Ok, você já entendeu o porquê e, a partir de agora, quer dar mais atenção aos relacionamentos dentro do trabalho. Mas por onde começar?

ABRINDO JANELAS

Ao longo da infância e da juventude, temos diversas chances de fazer novos amigos, o que também gosto de chamar de janelas. O primeiro lugar fora do âmbito familiar é a escola, claro. Mas também fazemos amigos facilmente nos cursos extracurriculares, como idiomas, esportes, artes, e nos locais de lazer, do playground ao clube. Há ainda os amigos que encontramos nos períodos de férias e, hoje, com menos frequência, os que conhecemos nas brincadeiras de rua.

Com o tempo, as alternativas vão se tornando escassas. Fazer amigos na faculdade é até fácil, mas quem consegue mantê-los ao fim da graduação? Com mais compromissos na vida adulta, temos menos tempo e energia para nos dedicarmos aos amigos antigos, que dirá construir novos relacionamentos. Mais um motivo para aproveitarmos o local de trabalho para abrir essas janelas novamente.

O autoconhecimento e a inteligência emocional, sobre os quais discorremos no Capítulo 5, são indispensáveis aqui também. Ao entender mais sobre si próprio, você consegue entender melhor o próximo. Para uma comunicação mais efetiva, ofereça ao seu colega (e futuro amigo, quem sabe) uma boa dose de empatia. Não significa necessariamente se colocar no lugar do outro, como muitos acreditam. Mas também saber ouvir, com presença e consciência, o que está sendo dito, de modo a identificar pelo que aquela pessoa está passando.[132] O que ela está sentindo e do que ela precisa de verdade.

---

132 CHAVES, C. O que é ter empatia? **Instituto CNV**. Disponível em: www. institutocnvb.com.br/single-post/o-que-%C3%A9-ter-empatia. Acesso em: 28 dez. 2024.

Não tenha receio de estender a conversa para além da vida profissional. As experiências pessoais são importantes tanto para aproximar as pessoas quanto para compartilhar conhecimento. Uma dica é tentar se aproximar, a princípio, dos colegas com quem você sente mais afinidade. Mais adiante, com a inteligência emocional já aguçada, amplie sua rede aos poucos.

Antigamente, muitas amizades nasciam no fumódromo – os mais jovens com certeza vão estranhar, mas, sim, até pouco tempo atrás as empresas dispunham de um espaço para as pessoas fumarem. Dá para acreditar nisso? Pois é. E ali rolava muita conversa e integração. Eu mesma, confesso, passei a fumar no meu primeiro emprego, aos 19 anos, para me sentir mais incluída entre os mais experientes. Hoje, por lei, o cigarro só é permitido ao ar livre. Por isso, esses locais estão extintos das organizações ou, quando existem, restritos a áreas externas e mais distantes. Não estou incentivando ninguém a fumar para fazer amigos no trabalho, logicamente; e a minha experiência com o tabaco só durou um ano, ainda bem.

Os bate-papos também podem começar no intervalo do café, do almoço, no happy hour... E, ainda, as empresas devem se esforçar para promover oportunidades de conexão entre os colaboradores, para o seu próprio bem, como vimos. Nesse quesito, os eventos comemorativos são os mais utilizados para esse fim. Dos aniversários dos funcionários às datas festivas do calendário (Páscoa, Festa Junina, Natal e assim por diante), toda celebração se transforma em um momento valioso de interação. Existem, contudo, alternativas mais elaboradas que os departamentos de recursos humanos podem desenvolver.

Recentemente, dentro do escopo do programa de felicidade corporativa que desenvolvemos na Chilli Beans, fizemos várias dinâmicas com grupos de vinte pessoas para falar da importância que as conexões no trabalho têm para a felicidade, tanto profissional quanto pessoal. Ao final, delegamos a todos uma lição de casa, que eles teriam uma semana para encaixar na agenda: convidar um colega com o qual tinham pouca ou nenhuma afinidade para almoçar, tomar um café ou realizar alguma atividade similar em que tivessem a chance de se conhecer melhor. O resultado nos deixou muito satisfeitos, porém alegrou mais ainda os participantes. As histórias que ouvimos depois de sete dias foram emocionantes. Muitos se surpreenderam com as semelhanças que tinham com pessoas que nem imaginavam.

5ª chave: conexão humana e relacionamentos **131**

Um dos relatos que me marcaram profundamente foi o de uma moça que estava passando por um tratamento de depressão. Em um dia especialmente ruim, a colega, que ficou sabendo de suas batalhas por meio da dinâmica, notou que ela estava triste. Então se aproximou e perguntou de que maneira poderia ajudar. Ao que ela respondeu: "Preciso de um abraço, só isso". Com esse gesto simples, graças à conexão iniciada em uma conversa casual, uma colega foi capaz de ajudar a outra a atravessar um momento difícil.

SEM FORÇAR A AMIZADE

Os amigos no trabalho podem desviar o foco principal de todos do ambiente profissional em si? Embora muitos executivos acreditem que sim, com receio de fofocas e distrações, de acordo com Ron Friedman, as pesquisas mostram o contrário. Um estudo feito pela Universidade Estadual da Califórnia, em parceria com a Escola de Negócios Wharton, demonstrou que a solidão no local de trabalho pode interferir no desempenho de toda a equipe.

Alguns limites, porém, precisam ser estabelecidos nos relacionamentos profissionais, mesmo naqueles mais próximos. Não custa lembrar, as interações sociais não devem interferir nas obrigações das equipes. Além disso, evite compartilhar informações pessoais em excesso, principalmente com quem você acabou de conhecer, e falar mal das pessoas que não estão no recinto. Como em outras áreas da vida, as relações no escritório devem ser construídas pouco a pouco e avançar à medida que aumenta a confiança mútua. Como diz a sabedoria popular, nada de forçar a amizade.

Agora a pergunta de 1 milhão de reais: como manter conexão com os colegas em tempos de trabalho remoto? A flexibilidade é certamente algo que boa parte dos trabalhadores busca hoje em dia em um emprego. Ao gastarem menos horas no trajeto para a empresa, eles ganham mais tempo para outras atividades – desde se dedicar à família a praticar esportes. Isso sem contar a redução de custos, tanto para os empregadores (aluguel, luz, manutenção etc.) quanto para os funcionários (transporte, roupa, alimentação etc.). Apesar de esse modelo ter sido fundamental ao longo da pandemia da covid-19, após o período crítico da crise sanitária, grandes empresas optaram pelo sistema híbrido.

Um delas foi a Microsoft, ao observar que estar presencialmente no escritório é mais benéfico para a coesão da equipe, a integração a uma nova função ou equipe e iniciar um projeto.[133] De fato, o levantamento da BetterUp, já citado neste capítulo, atestou que os colaboradores remotos têm um amigo a menos no trabalho do que aqueles que trabalham em um escritório. Eles também podem apresentar um nível de pertencimento 19% menor.[134] Com base nessas análises, e na minha experiência como CHO, concordo que o trabalho híbrido é a melhor escolha do ponto de vista de geração de laços e pertencimento.

A gente tem o hábito de enaltecer um emprego pelo salário ou pelas competências exigidas, deixando a conexão humana e os relacionamentos em segundo plano. Conforme esclareceu o estudo de Harvard sobre o desenvolvimento adulto, muitas pessoas só se dão conta da influência desses fatores na própria felicidade quando se aposentam. Cada vez mais, as pessoas querem trabalhar em lugares nos quais se sentem valorizadas, reconhecidas e conectadas – com e pelos colegas –, mas também querem estar alinhadas com os valores da empresa à qual dedicam a maior parte de seus dias. Isso posto, a compreensão de que faz diferença cuidar de si mesmas e do grupo é um dos grandes desafios deste século para a cultura das organizações. Muitos milênios depois, a ciência provou que os nossos ancestrais estavam certos.

---

133 CUSTÓDIO, A. Na mudança de papel do escritório, tudo se resume a momentos que importam. **Microsoft News**, 10 ago. 2023. Disponível em: https://news.microsoft.com/source/latam/vida-trabalho/na-mudanca-de-papel-do-escritorio-tudo-se-resume-a-momentos-que-importam/?lang=pt-br. Acesso em: 28 dez. 2024.

134 WOOL, M. 43% of Us Don't Feel Connected at Work. **BetterUp**, 21 jun. 2022. Disponível em: www.betterup.com/blog/connection-crisis-what-you-can-do. Acesso em: 16 jan. 2025.

DE CONHECIDOS A AMIGOS

"Será que podemos recriar o processo de amizade em laboratório?" Essa pergunta foi o ponto de partida para um importante estudo sobre vínculos, feito pelo especialista em relacionamentos Arthur Aron no final dos anos 1990. Para respondê-la, ele e os demais cientistas que idealizaram a pesquisa convocaram cem pessoas para simplesmente conversar durante quarenta e cinco minutos.

Como eles previram, entretanto, os bate-papos teriam de ser baseados nas perguntas certas, nos momentos certos. Isto é, começaram com amenidades e foram evoluindo à medida que os participantes se sentiam mais próximos. Para Aron, a intimidade cresceria somente se as duas partes envolvidas se abrissem e os assuntos se tornassem cada vez mais profundos.

O resultado do experimento foi apresentado no livro *Como ser feliz no meu trabalho?*, de Ron Friedman. "De certa forma, o que Aron fez foi recriar a formação da intimidade. Ao pedir que os participantes fossem gradualmente partilhando informações com aprofundamento contínuo do nível de abertura", escreveu Friedman, que complementou: "Ele conseguiu condensar um processo que tipicamente leva anos em menos de uma hora, transformando de forma bem-sucedida estranhos em amigos". E o autor finaliza: "E só foram necessárias algumas questões sobre os tópicos certos".[135]

A seguir, inspirada pelas questões de Aron, desenvolvi algumas para você usar nas próximas interações com seus colegas, levando em conta a intimidade que já tem ou gostaria de ter com eles, claro.

» Onde você passou o último Carnaval?

» Como se chama o seu animal de estimação?

» Quem você convidaria para almoçar, se pudesse escolher qualquer pessoa do planeta, viva ou morta?

» Qual foi a última vez que você chorou escondido?

» Qual dos seus entes queridos você tem mais medo de perder?

---

135 FRIEDMAN, R. *op. cit.*

AS RELAÇÕES NO ESCRITÓRIO DEVEM SER CONSTRUÍDAS POUCO A POUCO E AVANÇAR À MEDIDA QUE AUMENTA A CONFIANÇA MÚTUA. COMO DIZ A SABEDORIA POPULAR, NADA DE FORÇAR A AMIZADE.

A CIÊNCIA DA FELICIDADE NO TRABALHO
@ DENIZESAVI

CAPÍTULO 10:
6ª CHAVE:
ATENÇÃO PLENA

Você provavelmente já ouviu falar do termo em inglês "mindfulness", que foi traduzido para o português como atenção plena. Embora seja uma prática milenar, com origem no budismo, ganhou notoriedade no Ocidente somente a partir do final dos anos 1970, graças a Jon Kabat-Zinn.[136] Na época, o então professor da Universidade de Massachusetts desenvolveu um curso bem-sucedido de meditação, com duração de oito semanas, para pacientes terminais e com dor crônica. De lá para cá, o interesse pelo assunto só cresceu, e inúmeros estudos científicos, muitos deles conduzidos pelo próprio professor, comprovaram os benefícios da atenção plena à saúde física e mental e o seu impacto na felicidade.

Diferentes pesquisas comprovaram, por exemplo, que a prática do mindfulness ajuda a melhorar a disposição, a regular o sono, a reduzir a ansiedade e o estresse, a amenizar quadros depressivos e a favorecer a memória, a produtividade e a capacidade criativa. Pela minha experiência, usando um termo nada científico, é como aguçar o sabor da vida. O que acontece é que a prática do mindfulness aumenta o fluxo de sangue no córtex pré-frontal (área do cérebro responsável pelas funções executivas, planejamento, tomada de decisão, ideias etc.) e cria novos caminhos neurais, favorecendo comportamentos proativos e neutralizando comportamentos negativos, como autocrítica, reatividade, ruminação... Então, temos um aumento na sensação de bem-estar de modo geral.

Mesmo com tamanha popularidade, entretanto, muita gente ainda não sabe exatamente o que quer dizer mindfulness. Frequentemente, tende a ser confundido com esvaziar a mente, meditar em cima de uma montanha, encontrar-se com o sagrado e por aí vai. Também não ajuda o fato de o

---

136 WALDINGER, R; SCHULZ, M. *op. cit.*

mindfulness ter se tornado um produto, vendido por vários "gurus" como uma pílula milagrosa para diversos males. Realmente, é um tanto complexo explicar essa prática; existem vários significados, e todos se relacionam.

Segundo a definição do próprio Kabat-Zinn, mindfulness é a "consciência que surge ao prestar atenção intencionalmente no agora, sem julgar as coisas como elas são". Melhor dizendo, significa estar 100% presente. Simples assim, mas nem tanto, como vamos ver ao longo deste capítulo. Das características evolutivas do cérebro às novas tecnologias, colocar e manter a atenção no aqui e agora é uma tarefa árdua, que exige treino.

O que isso tem a ver com felicidade, para início de conversa? Muito! A conexão humana e os relacionamentos estão entre os principais ingredientes para alcançar a felicidade, não resta dúvida. Mas não dá para nos conectarmos uns com os outros se não estivermos presentes, concorda? Só assim é possível agir, em vez de simplesmente reagir durante as interações sociais.

Vamos supor que o seu colega de trabalho esteja de mau humor e responda com rispidez a uma pergunta sua. O risco de você retornar com a mesma moeda é grande, a não ser que consiga respirar fundo e refletir, ainda que por um instante, antes de qualquer atitude. Nessas situações, ao reagirmos sem pensar, muitas vezes falamos coisas das quais nos arrependemos e geramos confrontos desnecessários. E podemos, inclusive, ficar dias ruminando o episódio, envenenando o corpo com altas doses de cortisol (o hormônio do estresse).

Por essas e por outras, costumo dizer que as emoções são burras. Elas afloram por diferentes gatilhos, em bons e maus momentos, cabendo a nós sabermos ou não dominá-las. Quando estamos presentes e interagimos com consciência, aos poucos, temos ainda a chance de aumentar a nossa inteligência emocional e, assim, criar relacionamentos mais íntegros – o que vai impactar diretamente o nosso bem-estar. Como você já ouviu por aqui, a felicidade não é para os inertes. Para ser feliz, é preciso sair do automático e viver com intencionalidade. Ou seja, fazer escolhas deliberadas todos os dias, em vez de se deixar engolir pela rotina e viver como um zumbi.

ONDE ESTÁ VOCÊ?

Um dos grandes obstáculos da atenção plena é o nosso próprio cérebro. De acordo com um famoso estudo realizado em 2010 por Matthew Killingsworth e Daniel Gilbert,[137] ambos ligados à Universidade de Harvard, passamos 47% do tempo pensando em algo diferente do que estamos fazendo. Para chegar a essa conclusão, os cientistas criaram um aplicativo para contatar aproximadamente 5 mil pessoas, de idades e profissões diferentes, residentes em 83 países, em horários variados. A cada interação, os participantes tinham de responder o que estavam sentindo, pensando e fazendo naquele momento.

Segundo Killingsworth e Gilbert, a habilidade de divagar é uma conquista evolutiva a ser comemorada, pois nos permite aprender, raciocinar e planejar. Usamos nossos registros do passado para resolver questões do futuro, afinal. Entretanto isso pode ter um custo emocional alto, concluíram os cientistas, uma vez que eles observaram que a divagação mental geralmente era a causa, e não a consequência de um sentimento negativo. Não por acaso, o estudo foi publicado na revista científica *Science* com o título "Uma mente errante é uma mente infeliz".

Que a nossa mente tende a viajar, todo mundo já imaginava mesmo. No entanto, pensar que ela está em outro lugar quase metade do tempo em que estamos acordados assusta. Você é do tipo que fica pensando nas coisas que tem para fazer ou nas que já aconteceram? No meu caso, a resposta é: depende. Esses dias, por exemplo, me peguei remoendo um acidente de trânsito que sofri meses atrás. O problema é que o motivo pelo qual causei o acidente (sim, foi culpa minha, infelizmente) foi porque naquele dia estava distraída, pensando em compromissos futuros. Minha atenção plena não estava na condução do veículo, como deveria estar.

Agora vamos refletir juntos? Passado e futuro não existem: o primeiro é apenas uma memória, enquanto o segundo, uma projeção mental. Como já ensinaram os grandes nomes mundiais da atenção plena, do monge budista Thich Nhat Hanh ao escritor Eckhart Tolle, a única coisa que nós temos é o momento presente. Só que na verdade não temos, porque vivemos ausentes.

---

137 KILLINGSWORTH, M. A.; GILBERT, D. T. A Wandering Mind is an Unhappy Mind. **Science**, v. 330, n. 6006, p. 932, 2010.

Mas é importante nos aprofundarmos um pouco aqui para entender como a mente funciona. Veja bem, divagar não é de todo ruim, como lembrou a pesquisa de Killingsworth e Gilbert. Esse importante processo cognitivo, além de ser parte natural do funcionamento do cérebro, pode nos levar a resoluções, novas ideias e inovações. Recorremos ao nosso repertório de vida, ou seja, às nossas experiências passadas e aos nossos aprendizados, para construir o porvir. Como afirma Heródoto, filósofo da Antiguidade, precisamos "pensar o passado para compreender o presente e idealizar o futuro". Isso só acontece, entretanto, quando a divagação for bem-intencionada. O que implica lutar contra pensamentos negativos, para não correr o risco de ficarmos presos na ruminação ou na "pré-ocupação".

Uma boa notícia para os ansiosos de plantão: a maior parte das suas angústias provavelmente não têm razão de ser. Ao menos foi o que mostrou uma pesquisa da Universidade Estadual da Pensilvânia, nos Estados Unidos.[138] Ao analisarem uma lista com os anseios de um grupo de pessoas com transtorno de ansiedade durante um mês, os cientistas notaram que 91% das preocupações citadas não se concretizaram ao fim do período. Em suma, nossos medos mais frequentes raramente se tornam realidade na imensa maioria dos casos e, portanto, não merecem ocupar nossa atenção. Alguém aí se identifica?

A preocupação constante com o futuro gera ansiedade, ao passo que remoer o passado gera depressão. Parafraseando a psiquiatra e escritora brasileira Ana Beatriz Barbosa, a ansiedade é excesso de futuro, enquanto a depressão é excesso de passado.[139] Além de interferir nos relacionamentos, viver no piloto automático – com a mente em qualquer lugar, menos no aqui e agora – pode deteriorar a nossa saúde mental.

Claro que, às vezes, em períodos mais difíceis, queremos mais é escapar mesmo. Pensar em qualquer coisa, menos nos problemas que temos de resolver.

---

138 LAFRENIERE, L. S.; NEWMAN, M. G. Exposing Worry's Deceit: Percentage of Untrue Worries in Generalized Anxiety Disorder Treatment. **Behavior Therapy**, v. 51, n. 3, p. 413-423, 2019.

139 ANA BEATRIZ BARBOSA. [A depressão é o excesso de passado]. 8 jul. 2020. Instagram: anabeatriz11. Disponível em: www.instagram.com/anabeatriz11/p/CCYzxoShMNu/. Acesso em: 30 dez. 2024.

Porém não existe crescimento – seja pessoal ou profissional – sem sair da zona de conforto. Além disso, ninguém é feliz o tempo inteiro, lembra? Bom ou ruim, fácil ou difícil, calmo ou agitado, repito: o presente é tudo o que temos.

MODO PILOTO AUTOMÁTICO

Não precisa se culpar por viver no piloto automático. A explicação, mais uma vez, está no mecanismo cerebral. Uma vez que "trabalha" como uma máquina, o cérebro precisa economizar energia. Existe uma razão biológica positiva pela qual ele funciona dessa maneira. Vamos começar com algumas informações curiosas:[140] temos de 80 bilhões a 100 bilhões de neurônios, além de 160 mil quilômetros de vasos sanguíneos no cérebro (o equivalente a quatro voltas na Terra!). Com cerca de 1,5 quilo, esse órgão equivale a cerca de 2% a 3% da massa corporal. Apesar disso, consome aproximadamente 20% do nosso oxigênio e glicose. Dependendo da situação, como nos períodos em que estudamos, só para citar um exemplo, esse valor pode chegar a 50%. Ou seja, a conta quase não fecha!

Quando a nossa espécie vivia nas cavernas, dezenas de milhares de anos atrás, havia escassez de alimentos. Em um cenário em que facilmente uma pessoa passaria vários dias sem comer, queimar energia além do mínimo necessário poderia ser fatal.[141] O mundo evoluiu; no entanto, o cérebro ainda se mantém econômico, digamos assim, e continua a evitar qualquer desperdício nesse sentido. Essa economia vale para todos os seus processos, incluindo as incontáveis decisões que tomamos ao longo do dia.

De acordo com uma teoria elaborada pelos psicólogos e cientistas Amos Tversky (1937–1996) e Daniel Kahneman (1934–2024), o processamento das informações acontece em dois sistemas operacionais no cérebro: sistema 1 e sistema 2.[142] O primeiro é responsável pelas decisões rápidas, mais

---

140 SEGURA, M. Seu cérebro está te enganando. **Meio & Mensagem**, 8 nov. 2018. Disponível em: www.meioemensagem.com.br/opiniao/seu-cerebro-esta-te-enganando. Acesso em: 30 dez. 2024.

141 SCHESTATSKY, P. **Medicina do amanhã**. São Paulo: Gente, 2021.

142 KAHNEMAN, D. **Rápido e devagar**: duas formas de pensar. Rio de Janeiro: Objetiva, 2012.

automáticas e intuitivas. Já o segundo, por aquelas que exigem mais tempo, análise e, claro, consciência. Por demandar menos energia do cérebro, a maior parte das nossas decisões (em torno de 90%) ocorrem no sistema operacional 1. Essa premissa se tornou conhecida no mundo inteiro com a publicação do livro *Rápido e devagar: duas formas de pensar* e popularizou a economia comportamental.[143] Por fim, também rendeu o Prêmio Nobel de Economia a Kahneman em 2002. Tversky não foi agraciado porque faleceu alguns anos antes da premiação.

Obviamente, não vamos parar para pensar a cada tarefa cotidiana. Seria exaustivo! À medida que nos especializamos em uma tarefa, ela nos demanda menos energia e se torna mais automática. Dirigir é um exemplo comum. No começo, temos que prestar atenção em cada movimento e, com a prática, não precisamos nem pensar para executá-los. Agora, como saber se não estamos usando demais essa habilidade evolutiva e levando a vida no piloto automático? Deixando quase tudo no modo fácil. Isso é comum quando temos a sensação de que a maior parte dos nossos dias se resume a acordar, cumprir um checklist e dormir. E, no dia seguinte, acordar e seguir o mesmo "roteiro". A semana termina, e parece que não vimos o tempo passar. O dia a dia acaba se transformando em uma lista enorme de afazeres que ninguém consegue concluir, com aquela impressão de que todos os dias são iguais. Mas eles não são, claro. Nós é que não estamos presentes o suficiente para perceber.

Viver no piloto automático, portanto, é fazer as coisas sem se conectar a elas. Sabe quando a gente sai de casa e tem de voltar porque não tem certeza de que desligou o forno? Ou não consegue lembrar o que comeu na hora do almoço? E aos poucos nota que está virando um espectador da própria história? Pois é. Tudo isso gera uma desconexão com o presente e, consequentemente, insatisfação geral.

Além de o cérebro "favorecer" o modo "piloto automático", a vida moderna e todas as suas distrações atrapalham a nossa concentração no aqui e agora. Não só as telas, com milhares de notificações e excesso de

---

143 Estudo dos fatores psicológicos e sociais sobre as nossas decisões, além de suas consequências para a economia.

A FELICIDADE NÃO É PARA OS INERTES. PARA SER FELIZ, É PRECISO SAIR DO AUTOMÁTICO E VIVER COM INTENCIONALIDADE.

A CIÊNCIA DA FELICIDADE NO TRABALHO
@ DENIZESAVI

informações que nos interrompem e sobrecarregam a todo instante, como também a mania de fazer mais de uma tarefa ao mesmo tempo. Responder a e-mails durante uma reunião, almoçar com o WhatsApp aberto, dirigir e checar o celular (o que, além de arriscado, é ilegal, não custa lembrar), ouvir um podcast ou assistir a um vídeo enquanto faz o jantar... Estamos sempre querendo ganhar tempo.

Mas a verdade é que, apesar de termos a certeza de que damos conta, quando as tarefas apresentam certo nível de complexidade, a performance vai cair em uma delas ou, pior ainda, nas duas. "O problema com a multitarefa em nível cerebral é que duas tarefas realizadas ao mesmo tempo geralmente competem por caminhos neurais comuns, como dois fluxos de tráfego que se cruzam em uma estrada", explica o neurologista Peter Wilson, professor de Psicologia do Desenvolvimento da Universidade Católica da Austrália.[144] Como diz a máxima que já citei: tome cuidado com o vazio de uma vida ocupada demais.

ATENÇÃO PLENA EM PRÁTICA

A atenção plena (ou mindfulness, como você preferir chamar) é uma ferramenta valiosa para nos trazer de volta e nos manter no presente. E ela pode ser desenvolvida por meio de treinamento mental. Sim, é preciso treinar a mente para desenvolver essa consciência do agora. Como já expliquei, se a deixarmos à deriva, ela tende a divagar. Por isso, tome o controle da sua mente. A técnica mais conhecida de mindfulness é a meditação. Meditar, entretanto, não se limita àquela ideia de sentar-se em posição de lótus, fechar os olhos e entoar mantras. Existem diversas atividades contemplativas que são úteis para aguçar o foco no aqui e agora, como ioga, caminhadas na natureza, orações... Seja qual for a escolhida, o objetivo é firmar a atenção no momento presente, observando as sensações, os pensamentos e os sentimentos que vierem à tona. E o mais importante: sem julgá-los.

---

144 WILSON, P. Você se considera bom em multitarefas? **The Conversation**, 3 jan. 2024. Disponível em: https://theconversation.com/voce-se-considera-bom-em-multitarefas-veja-como-seu-cerebro-compensa-e-como-isso-muda-com-a-idade-220503. Acesso em: 30 dez. 2024.

Muitas pessoas acreditam que meditar é parar de pensar. Isso é impossível. Nossa mente é como uma árvore cheia de macacos ou pássaros pulando de galho em galho e tagarelando. Repleta de pensamentos, imagens, sensações, emoções, percepções, esperanças, preocupações, arrependimentos, medos: um conjunto interminável de distrações. Portanto, não dá para ficar sem pensar em nada. Mas dá, sim, para se concentrar em algo por algum tempo. Mesmo assim, durante a meditação, é comum pensamentos virem à tona.

Quando isso acontecer, simplesmente mude o seu estado de espírito. Passe a observar a mente, pensando sem julgar. Simplesmente testemunhe seus pensamentos como um espectador. Essa é a grande questão. Enquanto estiver meditando, você treina a observação, não o pensamento. Algumas técnicas de meditação usam uma "âncora" para direcionar a atenção. Essa âncora pode ser a respiração, um mantra, um som, uma imagem mental, algo para onde "voltar" quando os pensamentos invadem a mente.

Por exemplo, você está lá prestando atenção na sua respiração e "do nada" vem uma lembrança como "preciso pagar aquele boleto". Apenas observe esse pensamento, e se vierem outros (o que é natural), observe-os também. Ao se dar conta de que parou de prestar atenção na âncora (respiração), volte gentilmente a ela. E siga assim durante o tempo que você estipulou para meditar – pode começar com cinco minutos e aumentar progressivamente; pois, de acordo com os especialistas, meditações de vinte a trinta minutos são mais eficazes.

Muitos pensam que meditar é perda de tempo. Na verdade, pode acontecer o oposto. Pois, ao fechar os olhos, você vai colocar uma espécie de lente de aumento nos seus pensamentos e nas suas sensações. É um ótimo exercício para o autoconhecimento e a intuição. Você pode encontrar muitas respostas para as angústias. E isso vai ficando mais fácil com o tempo de prática.

PAUSA TRANSACIONAL

Para quem não tem ideia de como introduzir a meditação na rotina, uma dica: faça pequenas pausas ao longo do dia. Diversos estudos mostram que o cérebro consegue ficar concentrado em uma atividade, em média, por uma hora. Por isso, precisamos dessas folgas a fim de aliviar a mente. Do contrário, ela pode entrar em colapso com muita facilidade. Aí, já sabe, vêm a ansiedade, os bloqueios, a falta de criatividade... Quando falo de pausa, estou me referindo a parar o que está fazendo mesmo: levantar-se da cadeira, alongar, respirar profundamente. Não é trocar uma atividade por outra, como parar de escrever um relatório e responder a mensagens de WhatsApp. A pausa é justamente para aliviar a sobrecarga mental.

Veja, não é que o exercício constante de mindfulness vá diminuir as demandas do dia a dia; elas vão continuar lá. O que vai mudar é a sua percepção. A tendência é trocar a sensação de estar só "passando" pela vida pela sensação de vivê-la integralmente. Porém, assim como temos que treinar para aprender a tocar um instrumento, para desenvolver músculos na academia ou aprender qualquer habilidade que seja, a atenção plena também exige disciplina e constância para surtir efeito.

AUTOCOMPAIXÃO

Conhecer seus múltiplos benefícios certamente é um estímulo para incluí-la na rotina. De todas as ferramentas para aplicar a atenção plena que já mencionei, há uma menos conhecida, a autocompaixão. Relembrando o conceito do início do capítulo, a atenção plena consiste em observar sem julgar. Uma tarefa nada fácil, pois, como estamos inseridos em uma cultura de alta performance e perfeccionismo, não nos permitimos errar.

Julgamos não apenas as situações, como também a nós mesmos, o que nos torna reféns do comportamento de manada promovido por uma espécie de conformidade social que mata a nossa autenticidade, e tudo o mais que pode aflorar a partir dela, como a intuição, a espontaneidade e a criatividade. Se não tomarmos cuidado, acabamos dedicando toda a nossa energia só para satisfazer a expectativa que os outros têm de nós. Como evitar tudo isso? A resposta está na autocompaixão, isto é, em ser gentil consigo mesmo, respeitar seus limites, entender que falhar é normal – as melhores ideias podem nascer a partir daí, afinal –, e saber que, em tempos de inteligência artificial, ser humano é uma virtude.

146 A ciência da felicidade no trabalho

Só que pouco adianta eu compartilhar tudo isso, com estudos científicos, dicas e relatos pessoais, se você não se esforçar (e lutar contra o próprio cérebro, muitas vezes) para estar presente aqui e agora. Nas palavras de Jon Kabat-Zinn, "despertar é algo que apenas nós podemos fazer por nós mesmos".[145]

INSPIRA, RESPIRA, NÃO PIRA

Neste quadro, eu trago uma prática de mindfulness para quem quer começar a meditar. Reserve de dez a vinte minutos para esta meditação.

A gente nunca se dá conta de quanto respirar é essencial, até o momento em que nos falta o ar por algum motivo. Somos capazes de ficar sem comida por semanas, sem água por dias, mas não de sobreviver por mais de alguns minutos sem respirar. E por que a respiração nos traz para o presente? Simplesmente porque a gente não consegue respirar daqui a cinco minutos, nem cinco minutos atrás. Ao nos concentrarmos na respiração, ela nos "prende" no aqui e agora.

E mais do que isso, ela também serve como termômetro para monitorar nosso humor. A prática a seguir pode ser realizada todos os dias, durante alguma de suas pausas, por alguns minutos (o tempo inicial é você quem determina, mas tente aumentá-lo aos poucos). Agora vamos lá!

- » Sente-se de maneira confortável, com os pés no chão;
- » Mantenha as costas retas (com a ajuda de um apoio, se precisar);
- » Coloque as duas mãos sobre as coxas com as palmas viradas para baixo;
- » Feche os olhos;
- » Relaxe os ombros;
- » Relaxe o maxilar;
- » Inspire e expire profundamente;

---

145 KABAT-ZINN, J. **Aonde quer que você vá, é você que está lá**: um guia prático para cultivar a atenção plena na vida diária. Rio de Janeiro: Sextante, 2020.

6ª chave: atenção plena   **147**

» Observe as sensações que a respiração provoca no seu corpo;

» Pergunte a si mesmo: o que eu estou sentindo agora? Não existe resposta certa ou errada a essa pergunta, portanto evite julgamentos;

» Perceba o que você sente nas diferentes partes do seu corpo. No seu peito, na sua barriga, nos seus ombros e assim por diante...

» Deixe o ritmo da sua respiração fluir naturalmente, sem impor nenhum.

Lembre-se: é natural os pensamentos surgirem no meio da prática. Não os julgue. Ao detectar que sua mente divagou, apenas seja gentil consigo e volte a focar a respiração (sua âncora).

Com esse exercício, você pode perceber se a respiração está curta ou longa; superficial ou profunda; tensa ou calma. Sinta seus padrões internos e, a partir daí, regule sua respiração para que ela fique fluida e tranquila.

EM TEMPOS DE INTELIGÊNCIA ARTIFICIAL, SER HUMANO É UMA VIRTUDE.

A CIÊNCIA DA FELICIDADE NO TRABALHO
@ DENIZESAVI

CAPÍTULO 11:
7ª CHAVE: GRATIDÃO

A sua infelicidade não surge,
em última análise,
das circunstâncias da sua vida,
mas do condicionamento
da sua mente.

Eckhart Tolle[146]

---

146 TOLLE, E. *O poder do silêncio*. Rio de Janeiro: Sextante, 2016.

Um famoso escritor estava em sua sala de estudo quando decidiu escrever uma carta sobre o ano que terminara. Ao pegar a caneta, a primeira frase que lhe veio à cabeça foi: "No ano passado, por conta de uma cirurgia para a retirada da vesícula biliar, tive de ficar de cama por um bom tempo". Na sequência, a carta continuou a relatar os eventos mais importantes que ocorreram nos últimos tempos. "Também completei 65 anos recentemente e tive de renunciar ao meu trabalho favorito, fonte de grande satisfação na minha vida. Havia permanecido trinta anos naquela editora. No mesmo ano, ainda perdi meu pai, o que me causou imensa dor. Por fim, meu filho sofreu um acidente de carro que, além de tê-lo deixado hospitalizado por vários dias, destruiu por completo o automóvel. Foi um péssimo ano", concluiu.

A esposa do escritor entrou no recinto e o encontrou com semblante triste e pensativo. Ela, então, repousou a mão em seu ombro. Ele segurou a mão dela. Ficaram em silêncio. E, sem que ele percebesse, ela leu o conteúdo da carta com atenção. Deixou o marido e retornou minutos depois, trazendo um papel na mão. Ela colocou esse papel sobre a mesa do marido, que o pegou imediatamente.

Lá havia uma mensagem escrita por ela que começava assim: "Ano passado, depois de sofrer com dores por anos, finalmente fui submetido a uma cirurgia bem-sucedida para a retirada da minha vesícula biliar". A carta continuava: "Completei 65 anos com saúde e pude me aposentar para descansar do meu trabalho. Agora tenho mais tempo livre para escrever sem preocupações. Nesse mesmo ano, sem nenhuma condição crítica, meu pai se foi. Ele tinha 95 anos e teve uma vida boa. Não posso esquecer que nesse mesmo ano meu filho ganhou uma segunda chance de viver. Nosso carro foi destruído em um acidente, mas ele sobreviveu por milagre e sem sequelas". Ela terminou a carta dizendo que aquele foi um ano abençoado.

Li diferentes versões dessa mesma história na internet e resolvi trazer a minha aqui para refletirmos juntos. Sim, este capítulo trata de um assunto que você está cansado de encontrar por aí: gratidão. Na busca do Google, a palavra gera milhões de resultados. Entendo que muitos podem torcer o nariz quando escutam alguém falar em gratidão e suas inúmeras variações, como a que se popularizou como o meme gratiluz.

Muitos conceitos, ao se tornarem populares na internet, acabam sendo banalizados. Não julgo, afinal pessoas com falta de preparo e profundidade tendem a se apropriar deles e usá-los de maneira irresponsável. Tanto que gratidão virou até motivo de chacota, como a personagem hilária criada pelo humorista Índio Behn, a terapeuta Rosângela, que chama seus seguidores de "gratilovers".[147] Mas é claro que não é disso que vamos falar agora. O objetivo principal deste capítulo é mostrar que não é a felicidade que nos torna gratos, e sim a gratidão que nos torna felizes.

MUDANÇA DE OLHAR

Se colocarmos uma lupa na nossa vida, temos inúmeras razões para sermos gratos. Aí você pode me dizer: "Ah, mas eu sou grato. Cada vez que alguém faz alguma coisa para mim, eu agradeço". Desculpe, mas o nome disso não é gratidão, é educação. Ou então você pode pensar: "Eu rezo e agradeço sempre". Isso não é gratidão, é oração. Ambas as coisas são importantes, porém ainda não definem totalmente o que considero (e a ciência também) ser grato de verdade.

De um modo simples de entender, gratidão é mudança de olhar. Tal qual fez a esposa do escritor da história citada. No lugar de olhar para o que deu errado ou para o que está faltando na sua vida, enxergue o que você já tem. Em vez de reclamar das dificuldades, procure ver as oportunidades.

No corpo humano, existem minúsculos campos magnéticos que estabilizam as moléculas. Essas centenas de trilhões de moléculas que nos formam

---

147 DOUTORA Rosângela - A Gratilover que deixou a Doutora enfurecida. 2023. Vídeo (2min.52s). Publicado pelo canal Índio Behn. Disponível em: www.youtube.com/watch?v=r4TLYQZMojc. Acesso em: 30 dez. 2024.

são, na verdade, grandes conjuntos de ímãs.[148] Se somos magnéticos, isso possivelmente sinaliza que a nossa vida é uma resposta àquilo que a gente vibra. Se você vibrar no problema, a vida vai trazer mais problemas para você resolver. Se você vibrar na gratidão, ela vai trazer mais razões pelas quais agradecer. Isso não tem nada a ver com esoterismo, não. Estou falando de vibrar no sentido de dedicar sua atenção e, consequentemente, tomar atitudes de acordo com o que a sua mente pensa – o que vale tanto para as ideias negativas quanto para as positivas.

E por que tanta dificuldade em enxergar que temos mais motivos para agradecer do que para reclamar? Como sempre, em primeiro lugar, a explicação é biológica. Acontece que o cérebro tem uma espécie de velcro para as experiências negativas, e um teflon para as positivas.[149] É por isso que o viés negativo se sobressai, um mecanismo que remonta aos nossos dias de homens da caverna. Essa é a famosa teoria do neuropsicólogo Rick Hanson, autor e pesquisador sobre felicidade, do qual já falamos por aqui.

Pense comigo: os nossos antepassados primatas viveram tempos muito difíceis. Arriscavam-se o tempo todo para conseguir comida e abrigo e, muitas vezes, precisavam correr de animais para salvar a própria pele. Os seres humanos aprenderam a fixar o olhar nos problemas ou possíveis obstáculos como modo de sobrevivência. E a humanidade foi se desenvolvendo em um treinamento intensivo de ver onde está o problema. São milhões de anos de evolução contra apenas alguns milênios de civilização. Nós carregamos essas informações no nosso código genético. Por conta disso, o cérebro humano não é programado para o bem-estar, mas sim para a sobrevivência. Mesmo que hoje nós não precisemos caçar para comer nem defender os nossos de um ataque de feras famintas ou tribos inimigas.

Sendo assim, não se culpe se você é do time do "copo meio vazio". É mais comum do que se imagina. Uma pesquisa feita nos Estados Unidos pela Universidade de Michigan destaca que as emoções positivas estão em

---

148 CAVALCANTE, M. Campo magnético, ele está entre nós. **SuperInteressante**, 31 out. 2016. Disponível em: https://super.abril.com.br/ciencia/campo-magnetico-ele-esta-entre-nos. Acesso em: 30 dez. 2024.

149 MOSS, J. *op. cit.*

7ª chave: gratidão **153**

desvantagem: para cada emoção positiva, existem três ou quatro emoções negativas em nosso cérebro.[150]

Em segundo lugar, tamanha dificuldade em ser grato está relacionada à nossa falta de clareza dos motivos que nos fazem felizes de fato. Como já falamos várias vezes ao longo desta jornada, a gente acredita que só vai ser feliz quando encontrar o que a sociedade, ao longo de muitos anos, ditou (e continua ditando) como sendo felicidade: dinheiro, status, fama ou poder. Nesse processo, acabamos por não valorizar as coisas simples da vida – do ar que respiramos ao teto sobre a nossa cabeça, sem esquecer do amor de nossos entes queridos.

UMA QUESTÃO DE TREINO

Como desenvolver a habilidade de ser grato? Treino. Isso mesmo. O que temos que fazer é treinar a mente para focar o lado positivo sempre que possível. Só com essa prática contínua conseguimos resultado, pois ela é a única maneira de reconfigurarmos o cérebro. Como destaca a autora Jennifer Moss,[151] "os neurônios que disparam impulsos juntos se conectam". Essa explicação frequente da neurociência resume de um jeito claro o que está por trás do que os cientistas chamam de neuroplasticidade, isto é, a capacidade do cérebro de se reorganizar e se remodelar ao longo da vida.

Em resumo, o exercício da gratidão é um exercício de neuroplasticidade cerebral, pois ele tem o poder de agir na parte fisiológica do órgão, o que resulta em uma mudança de comportamento. Isso acontece porque a circuitaria do cérebro pode ser modificada de acordo com o que fazemos constantemente. Se pratico bastante inglês, aprimoro minha fluência. Se estudo matemática, faço contas mais rápido. Mas, se eu paro de treinar, desativo os circuitos e logo esqueço umas palavras de inglês, demoro um pouco mais para fazer os cálculos. É assim que acontece. Aonde eu quero chegar?

---

150 FREDRICKSON, B. L. What Good are Positive Emotions? **Review of General Psychology**, v. 2, n. 3, p. 300-319, 1998. Disponível em: www.ncbi.nlm.nih.gov/pmc/articles/PMC3156001/. Acesso em: 30 dez. 2024.

151 MOSS, J. *op. cit.*

DE UM MODO SIMPLES DE ENTENDER, GRATIDÃO É MUDANÇA DE OLHAR.

A CIÊNCIA DA FELICIDADE NO TRABALHO
@ DENIZESAVI

Em um experimento nos Estados Unidos, os psicólogos Robert Emmons e Mike McCullough[152] aplicaram um teste de bem-estar a participantes divididos em três grupos, em um intervalo de dez semanas. Nesse período, pediram ao primeiro grupo para anotar acontecimentos positivos; ao segundo, acontecimentos negativos; e, ao terceiro, acontecimentos neutros. Ao final, eles observavam que alegria, felicidade e satisfação com a vida aumentaram rapidamente em função da gratidão – em suma, as pessoas mais gratas eram as mais felizes. Em um terceiro estudo realizado pelos mesmos pesquisadores com um grupo de pessoas que sofriam de problemas neuromusculares, isto é, que afetam o movimento e a sensibilidade, elas também foram incentivadas a escrever diariamente o que consideravam bênçãos, e os resultados foram similares.

Martin Seligman adaptou o estudo posteriormente, pedindo às pessoas que anotassem todas as noites, ao longo de duas semanas, cinco motivos pelos quais eram gratas naquele dia que passou. Assim nasceu o exercício que ficou mundialmente famoso como Diário da Gratidão. "A razão pela qual a gratidão contribui para aumentar a satisfação com a vida é que ela amplia as boas lembranças do passado – a intensidade, a frequência e a graça", escreveu o autor em *Felicidade autêntica*.[153]

A eficiência dessa ferramenta foi comprovada ainda em diversos estudos sobre doenças mentais, inclusive. Uma revisão sistemática feita recentemente no Brasil,[154] com base em 64 pesquisas sobre o assunto, demonstrou que ações que promovem a gratidão, entre elas os diários, são úteis como terapias complementares para tratar ansiedade e depressão, uma vez que podem aumentar os sentimentos positivos na população em geral. Eu também pude comprovar os benefícios do Diário da Gratidão em minha vida,

---

152 EMMONS, R. A.; MCCULLOUGH, M. E. Counting Blessings versus Burdens: an Experimental Investigation of Gratitude and Subjective Well-being in Daily Life. **Journal of Personality and Social Psychology**, v. 84, n. 2, p. 377-389, 2003. Disponível em: https://pubmed.ncbi.nlm.nih.gov/12585811/. Acesso em: 30 dez. 2024.

153 SELIGMAN, M. *op. cit.*

154 DINIZ, G. *et al.* The Effects of Gratitude Interventions: a Systematic Review and Meta-analysis. **Einstein**, v. 21, p. eRW0371, 2023. Disponível em: https://pubmed.ncbi.nlm.nih.gov/37585888/. Acesso em: 30 dez. 2024.

porque sou adepta dessa prática há anos, como falei anteriormente. Posso garantir que, com o tempo, a gente começa a ficar mais otimista, e nosso "radar" capta todos os aspectos positivos ao nosso redor. Assim notamos particularidades que passam despercebidas na correria do dia a dia, que somente um cérebro treinado para tanto é capaz de perceber. Os pensamentos positivos ajudam a neutralizar os negativos. Portanto um cérebro feliz é um cérebro treinado.

Claro que esse treino, para dar certo, exige constância – do mesmo modo que você precisa se organizar para manter uma alimentação saudável, por exemplo, ao planejar as compras da feira, o cardápio e as refeições da semana –, até que o exercício da gratidão se torne um hábito, como escovar os dentes, usar protetor solar ou ir à academia. Enfim, tudo o que a gente sabe que é essencial para a saúde, mas não consegue implementar na rotina se não houver esforço. Sendo assim, faz todo o sentido a frase de Eckhart Tolle que destaquei no início, concorda?

DIZENDO "OBRIGADO" NO TRABALHO

Ser grato traz benefícios não somente à saúde mental, mas também à saúde física. Um estudo recente publicado no prestigiado periódico *The Journal of American Medical Association* (JAMA), com base nos dados de quase 50 mil mulheres, mostrou que aquelas com maiores níveis de gratidão tinham 9% menos risco de morte decorrente de qualquer causa – câncer, doenças cardiovasculares, problemas neurodegenerativos etc.[155]

Indiretamente, a gratidão também pode impactar o trabalho, uma vez que, como falamos no Capítulo 4, o cérebro é configurado para apresentar o melhor desempenho quando trabalha no "modo positivo". Além disso, como destaca a jornalista e pesquisadora Michelle Gielan, em um excelente artigo publicado na *Harvard Business Review*, com base em diversos estudos, os otimistas se saem melhor ao longo da carreira: têm salários melhores e mais chances de serem promovidos.

---

155 NICIOLI, T. Ser grato pode te ajudar a viver mais, diz estudo. **CNN**, 13 jul. 2024. Disponível em: www.cnnbrasil.com.br/saude/ser-grato-pode-te-ajudar-a-viver-mais-diz-estudo/. Acesso em: 30 dez. 2024.

No entanto, o trabalho costuma ser o local onde as pessoas menos demonstram gratidão, seja em relação aos colegas, seja em relação aos chefes ou mesmo ao trabalho em si. Acredito que isso seja motivado pela lógica da competitividade que predomina no mundo corporativo. As mulheres, em especial, são incentivadas desde cedo a rivalizar umas com as outras em todos os ambientes, incluindo o profissional. Além de tóxica, essa competição tende a provocar falta de cooperação entre os membros da equipe – e não precisa ser um especialista em negócios para entender que isso pode interferir na produção e no lucro.

A minha recomendação é, tanto para empregadores quanto para empregados: reconheça o valor dos seus colegas de trabalho. Esse feedback positivo é o alicerce para um ambiente com segurança psicológica, onde as pessoas se sentem seguras para expor ideias e sentimentos. Quando digo "obrigado" a alguém, reconheço a atenção do outro para comigo. Mesmo que seja obrigação dela, eu valorizo o que ela está fazendo por mim.

Ainda, é importante salientar que, quando nossas emoções estão desequilibradas e pendem para o lado negativo com mais facilidade, temos a tendência de fugir da realidade. O que também é conhecido por escapismo. O resultado, todo mundo conhece bem: buscar refúgio em atividades altamente viciantes, como redes sociais, compras, jogos, pornografia, comida, bebida ou outras coisas que promovem uma "dopamina barata".

O problema é que esse tipo de atividade gera picos de dopamina que não se sustentam, ou seja, que terminam logo após você voltar para a realidade, digamos assim, como explica o médico e influenciador Rafael Gratta.[156] Com o tempo, essas válvulas de escape podem gerar um círculo vicioso, e você vai necessitar de picos mais altos para se satisfazer. Como acontece com os dependentes químicos que precisam de doses cada vez maiores da droga para sentir algum grau de satisfação.

A dopamina barata "detona" o nosso centro de prazer. Estudos feitos com camundongos dão uma ideia de como algumas substâncias e atividades

---

156 RAFAEL GRATTA. [Quanto mais fazemos coisas difíceis e chatas]. 4 ago. 2024. Instagram: rafaelgratta. Disponível em: www.instagram.com/reel/C-P-zQ8Rg2Q/?igsh=NGQzYzV4N3ljaGpu. Acesso em: ago. 2024.

SER GRATO TRAZ BENEFÍCIOS NÃO APENAS À SAÚDE MENTAL, MAS TAMBÉM À SAÚDE FÍSICA.

A CIÊNCIA DA FELICIDADE NO TRABALHO
@ DENIZESAVI

fazem disparar o neurotransmissor acima dos níveis basais:[157] chocolate aumenta 55% a liberação basal de dopamina no cérebro; sexo, 100%; nicotina, 150%; e cocaína, 225%. A anfetamina, ingrediente ativo em drogas ilícitas como o ecstasy e a anfetamina, bem como em medicamentos para tratar déficit de atenção, aumenta em 1.000% a liberação de dopamina. E, para concluir, uma curiosidade: uma dose de metanfetamina equivale a dez orgasmos.

Acontece que "tudo o que sobe tem que descer", diz o ditado. Mas, nesse caso, quando desce, despenca. Aí queremos aquela sensação de novo e de novo. Essa repetida exposição aos estímulos gera um processo que os cientistas chamam de neuroadaptação, ou seja, nós nos acostumamos com essas experiências, e nossa capacidade de sentir prazer diminui. Com isso, necessitamos de uma quantidade maior daquilo que nos gera prazer e em intervalos mais curtos. E quando isso ocorre é porque já estamos em sofrimento.

Pasme: o celular faz isso com a gente. Já reparou que, ao guardá-lo no bolso, às vezes não dá nem um minuto e você já pegou o aparelho de volta? É como um vício. O problema do vício é que, à medida que ele aumenta, nos leva à anedonia, que é aquela incapacidade de desfrutar das coisas simples e cotidianas – como aproveitar uma refeição com amigos, brincar com os filhos, conversar com pessoas mais velhas, sair para uma caminhada, ver o pôr do sol... Atividades que também são prazerosas, mas que perdem a graça se nos tornamos viciados em outras coisas.

Portanto, cuidado com a "dopamina barata"; ela mina a verdadeira felicidade, aquela que preenche a sua alma. Busque a "dopamina real", gerada por outros meios, que vão exigir o seu esforço, mas serão altamente recompensadores para a sua saúde mental (e física também). Pois a dopamina real não dá somente um pico de prazer; ela é liberada de maneira mais lenta na sua corrente sanguínea, então dura mais tempo. Desse modo, você terá uma percepção mais fidedigna de bem-estar.

E de onde vem essa dopamina real? Como tudo na vida, de atividades que demandam empenho. O "treino" para adquiri-la são aquelas tarefas

---

157 LEMBKE, A. **Nação dopamina**: por que o excesso de prazer está nos deixando infelizes e o que podemos fazer para mudar. São Paulo: Vestígio, 2022.

que, em geral, você não quer fazer e procrastina, como exercícios físicos, arrumar a casa, ler, meditar... e também atividades relacionadas ao seu trabalho ou a hobbies que o coloquem em estado de *flow* (já falamos sobre ele no Capítulo 6). Essas experiências, além de regularem a dopamina, promovem uma sensação de realização, e isso por si só é muito gratificante.

Retomei essas explicações sobre como a dopamina age no cérebro por um motivo especial. Dentre todas as atividades que geram dopamina real, uma das mais poderosas é o exercício de gratidão. Isso mesmo! Ele tem um impacto profundo na nossa percepção de bem-estar e felicidade. Como expliquei anteriormente, funciona como um modo de modular o cérebro para captar as coisas boas que acontecem no nosso dia a dia. Pensando assim, chegamos à conclusão de que a gratidão, além de tudo o que já falamos, é um antídoto para a infelicidade.

Não é a felicidade que nos torna gratos, e sim a gratidão que nos torna felizes. Porque, se não formos gratos, não conseguimos reconhecer o nosso próprio valor, que dirá o dos outros. Existe uma diferença entre dizer "obrigado" como hábito adquirido de boas maneiras que a gente aprende lá na nossa infância e sentir gratidão.

Para ser grato, de verdade, precisamos reconhecer que nossa vida é boa do jeitinho que ela é, e que vale a pena viver com nossos altos e baixos. Como dizia Santo Agostinho, "Felicidade é seguir desejando aquilo que já se possui".[158] Para tanto, é fundamental enxergar todo aprendizado que as adversidades nos trazem. Pare de se comparar com os outros, ou seja, pare de olhar para a fora. A grama do vizinho não é mais verde; em geral, ela é de plástico, lembra? E comece a olhar para dentro, onde mora a sua verdadeira felicidade.

---

158 FURTADO, C. *op. cit.*

DIÁRIO DA GRATIDÃO NO TRABALHO

Como você leu anteriormente, este exercício da Psicologia Positiva propõe que a gente escreva de três a cinco coisas boas que aconteceram no nosso dia. Que tal levar isso para o seu ambiente de trabalho? Veja bem, não precisa ser nada elaborado. *Ah, Denize, mas ainda não consegui a promoção que eu queria, não tenho nada a agradecer.*

Por que não ser grato pela xícara de café que alguém lhe ofereceu? Pela conversa com o colega da baia ao lado? E até mesmo pelo feedback negativo de uma meta que a sua equipe não bateu, mas que o fez ver uma oportunidade de melhoria? Depois de alguns meses praticando o diário, passamos a ficar mais otimistas e a sentir gratidão por pequenas coisas espontaneamente, acredite.

Você pode propor esse exercício para o seu líder para que ele incentive toda a equipe a fazê-lo. E se você for um líder, que tal estimular seus liderados à prática do diário da gratidão voltado para as questões do trabalho? Pode ter certeza de que essa ferramenta vai melhorar demais o ambiente e impactar, inclusive, o engajamento e a produtividade. Assim, todos estarão treinando a circuitaria cerebral de modo a realizar conexões para uma mente mais positiva.

E vale também agradecer pelas dificuldades, porque elas são nossos melhores professores. Às vezes, algo dá errado para nos mostrar outro caminho. Por isso, agradeça, sim, se alguma coisa não saiu como você imaginou. Pergunte-se sempre: o que eu tenho a aprender com isso? E então agradeça!

Agradeça por estar recebendo, neste momento da vida, o que você precisa e merece. Quem sabe você não estava mesmo precisando desse chacoalhão para crescer e conquistar algo melhor. São os obstáculos que nos permitem agir de modo diferente, assim como ter paciência, aceitação, resiliência, empatia, compaixão.

Aquele que agradece diariamente pela vida que tem sempre terá mais e melhor do que aquilo pelo que já agradeceu.

NÃO É A FELICIDADE QUE NOS TORNA GRATOS, E SIM A GRATIDÃO QUE NOS TORNA FELIZES.

A CIÊNCIA DA FELICIDADE NO TRABALHO
@ DENIZESAVI

CAPÍTULO 12: UMA VIDA QUE VALE A PENA

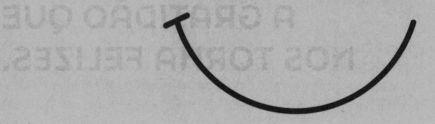

O que mais cansa
não é trabalhar muito.
O que mais cansa
é viver pouco.

Mia Couto[159]

---
[159] COUTO, M. **O universo num grão de areia**. Alfragide: Caminho, 2019.

Quando os especialistas em Ciência da Felicidade falam sobre a felicidade no trabalho, um caso de sucesso muito festejado é o da loja on-line de varejo de calçados Zappos, com sede em Las Vegas, nos Estados Unidos. Em 1999, Tony Hsieh se uniu a Nick Swinmurn, que tinha uma ideia visionária de criar um e-commerce de sapatos nos moldes da Amazon.[160] Na bagagem, Hsieh trouxe a experiência bem-sucedida da criação de uma empresa de tecnologia, com a qual ele havia ganhado muito dinheiro, porém estava infeliz com o modelo de trabalho hierárquico que se estabeleceu depois que os negócios prosperaram.

Após vender sua companhia por um bom preço à Microsoft, ele investiu o valor recebido no projeto de Swinmurn, por uma razão pra lá de inusitada. "O que muitas pessoas não sabem é o verdadeiro motivo pelo qual vendemos a empresa. O verdadeiro motivo foi simplesmente que não era mais um lugar divertido para se trabalhar", contou Hsieh em uma entrevista à BBC anos depois.[161] Além de proporcionar um ambiente de trabalho leve, o objetivo de Hsieh era que ali surgissem boas amizades. A estratégia deu tão certo que a Zappos passou a ser conhecida como a empresa mais feliz do mundo.

E quando os funcionários estão felizes, como você já sabe, a produtividade aumenta. As vendas da Zappos alcançaram a incrível marca de 1 bilhão de dólares depois de oito anos de sua fundação. Em 2009, ela foi vendida à Amazon por 1,2 bilhão de dólares – mas, antes, os novos donos tiveram de garantir que não mudariam essa cultura baseada no bem-estar de todos da Zappos. A única parte triste dessa história é que Hsieh faleceu em um trágico acidente em 2020, aos 46 anos. Mas que legado deixou, não é mesmo?

---

160 ZAPPOS: o trágico fim do criador da 'empresa mais feliz do mundo'. **BBC News Brasil**, 1 set. 2021. Disponível em: www.bbc.com/portuguese/geral-58410997. Acesso em: 31 dez. 2024.

161 *Ibidem.*

Por isso, quando alguém me pergunta se a introdução da Ciência da Felicidade no mundo corporativo é uma tendência passageira, não tenho receio de responder que existem muitas evidências que provam o contrário. Ela veio para ficar.

MUDAR É PRECISO?

Sim, ainda hoje escuto esse tipo de pergunta. Muitas vezes, as pessoas não exprimem suas dúvidas verbalmente, porém percebo o receio em sinais corporais como braços cruzados e olhadas constantes aos celulares ou relógios enquanto eu tento explicar o que é a felicidade corporativa, seja em conversas, seja em palestras. Sei que é normal que mudanças gerem insegurança em qualquer um. Entretanto, não dá mais para fingir que está tudo bem no mundo do trabalho. Ao longo deste livro, trouxe diversos estudos e estatísticas que escancaram essa verdade, e aqui vai mais uma: a saúde mental atualmente representa 38% dos afastamentos pelo Instituto Nacional do Seguro Social (INSS).[162] Os dados são da pesquisa Panorama da Saúde Mental das Organizações Brasileiras e mostram, ainda, que houve um aumento de 30% nesses casos em dois anos (entre 2020 e 2022).

Não acredito que a origem desses afastamentos seja apenas o estresse do trabalho. É um combo, porque a correria na qual vivemos hoje, na ânsia por ser e ter cada vez mais, permeia todos os aspectos da nossa vida de excessos. As organizações que não colocarem o bem-estar de seus colaboradores na pauta vão ficar para trás. E em algum momento, isso também vai afetar seus lucros. Não estou falando apenas de campanhas de conscientização, como Janeiro Branco ou Setembro Amarelo. Elas são necessárias, é claro, mas a felicidade no trabalho tem de ser incorporada à cultura das empresas de maneira duradoura.

Para facilitar a adesão, a transformação tem de começar de cima para baixo. Como qualquer medida a ser implementada, melhor se os líderes

---

162 SAÚDE mental já representa 38% dos afastamentos pelo INSS. **Carta Capital**, 3 jul. 2024. Disponível em: www.cartacapital.com.br/do-micro-ao-macro/saude-mental-ja-representa-38-dos-afastamentos-pelo-inss/. Acesso em: 31 dez. 2024.

AS ORGANIZAÇÕES QUE NÃO COLOCAREM O BEM-ESTAR DE SEUS COLABORADORES NA PAUTA VÃO FICAR PARA TRÁS.

A CIÊNCIA DA FELICIDADE NO TRABALHO
@ DENIZESAVI

souberem dar o exemplo. Uma pesquisa realizada pelo Workforce Institute com 3,4 mil pessoas de dez países, com o intuito de destacar a influência do trabalho na saúde mental, constatou que o papel dos gestores é crucial: 69% dos empregados afirmaram que seus líderes impactam mais sua saúde mental do que médicos (51%) e terapeutas (41%) e tanto quanto seus cônjuges. Outra descoberta relevante desse levantamento foi que mais de 80% dos entrevistados preferem ter uma boa saúde mental a um emprego com alta remuneração.[163]

É difícil chegar a um consenso acerca do conceito de felicidade. Existem múltiplas definições, como você viu, e este livro trouxe algumas ferramentas e insights para ajudar tanto empregadores quanto empregados. Mas é importante frisar que ambos os lados têm responsabilidade nessa equação: a organização, em instituir uma cultura humanizada voltada para as questões que permeiam o bem-estar das pessoas naquele ambiente; e cada indivíduo, em buscar autoconhecimento e conhecimento para aprender a ser feliz e agente transformador, impactando positivamente o seu entorno. Portanto, se quisermos mudanças significativas, é melhor arregaçarmos as mangas de uma vez, pois desprezar as transformações que estão aí batendo à nossa porta, sobretudo no ambiente profissional, não vai evitar que sejamos derrubados por elas.

E aqui cabe uma reflexão. Veja que interessante: embora seja mais conhecido por suas teorias e descobertas na Física do que na Filosofia, Albert Einstein também refletia sobre a busca pela felicidade. Quando esteve no Japão em 1922, um ano depois de ser laureado com o Prêmio Nobel, entregou um bilhete a um mensageiro de um hotel em vez de dar gorjeta.[164] Nele estava escrito: "Uma vida calma e modesta traz mais felicidade do que a busca pelo sucesso combinada à constante inquietação". Einstein sugeriu dois caminhos:

---

163 WORK FORCE INSTITUTE. **Mental Health at Work**: Managers and Money. EUA: UKG Inc., 2023. Disponível em: www.ukg.com/sites/default/files/2023-01/CV2040-Part2-UKG%20Global%20Survey%202023-Manager%20Impact%20on%20Mental%20Health-Final.pdf. Acesso em: set. 2024.

164 PARA ALBERT Einstein, este é o segredo da felicidade. **Exame**, 13 jan. 2022. Disponível em: https://exame.com/pop/para-albert-einstein-este-e-o-segredo-da-felicidade/. Acesso em: 31 dez. 2024.

sucesso ou contentamento. Mas sabemos que existem inúmeros, e que eles podem mudar com o tempo. O que você está levando em consideração ao escolher o seu: réguas internas, como sabedoria; ou externas, como glória e dinheiro?

Não sabemos as motivações de Einstein por trás do bilhete, há quem diga que ele apenas estava sem trocado, mas a sua assinatura bastou e muito: em 2017, o papel que ainda estava em posse de descendentes do tal mensageiro foi leiloado por 1,56 milhão de dólares.

PESSOAL × PROFISSIONAL

"Nos últimos anos, o trabalho evoluiu do lugar para onde se vai, para aquilo que se faz." A frase é da Herman Miller, famosa empresa de móveis para escritório, que lá em 2007 já refletia sobre a importância de repensar o ambiente profissional.[165] Pois bem, essa demanda, que vinha crescendo a cada ano desde então, foi impulsionada ainda mais pela pandemia da covid-19. A ponto de não existir mais separação entre vida e trabalho para muita gente.

Para mim, por exemplo, o trabalho está em todo lugar. No meu home office (quando meu filho caçula deixa!), no escritório da Chilli Beans, nas palestras que realizo pelo país... E a partir desses locais também alcanço milhares de pessoas de maneira virtual através da internet. Uma rotina agitada, mas que amo de paixão. Porque trabalho com o que gosto e me sinto parte de algo maior. Por isso, essa junção não é exatamente um problema para mim.

Não estou dizendo que temos de trabalhar ininterruptamente. E sim, como destacam os cientistas de Harvard Robert Waldinger e Marc Schulz, que essa dificuldade em equilibrar vida e trabalho venha do fato de que talvez eles não sejam duas coisas distintas."E se até mesmo o dia de trabalho mais comum apresentasse oportunidades reais para melhorar nossa vida e nos desse a sensação de estarmos conectados a um mundo mais amplo?", questionam os pesquisadores.[166]

---

165 MOSS, J. *op. cit.*
166 WALDINGER, R.; SCHULZ, M. *op. cit.*

A minha resposta em particular é: sim, concordo plenamente. Não apenas porque a Ciência da Felicidade nos traz inúmeras provas ou porque vivo isso no meu dia a dia. Mas também porque sei que, tanto no trabalho quanto em casa, somos a mesma pessoa. Isso sem falar que um ambiente interfere no outro, para o bem e para o mal. Como o trabalho, além de ser um meio de sobrevivência, tornou-se fonte de autorrealização, temos de olhar para ele com a devida importância que merece. Para Jennifer Moss, expert na implementação da felicidade no local de trabalho, uma das saídas está em "explorar maneiras de projetar um local de trabalho que enfatize o fluxo trabalho/vida e nos desvie do mito do equilíbrio trabalho/vida".[167]

Não dá mais para nos apegarmos a modelos de trabalho ultrapassados, em que as pessoas eram consideradas apenas peças de uma engrenagem, até porque a maior parte dos colaboradores hoje exige uma renovação. Os mais jovens, como ouço de empregadores país afora, são os primeiros a reclamar. Embora sejam, às vezes, chamados de geração "mimimi", eles estão certos em rejeitar modelos de trabalho hierárquicos e bradar por melhores condições. Também apoio quando vejo que preferem se engajar em trabalhos que façam sentido para suas jornadas. Como afirmam Waldinger e Schulz, será mesmo que existe trabalho *versus* vida... ou apenas vida?

Então, vamos viver, e com tudo que a vida nos apresenta, dos reveses aos êxitos, da dor à alegria, da labuta ao descanso. Já diz a música da banda Charlie Brown Jr. (que adotei como bordão): "dias de luta, dias de glória".[168] Assim é. E feliz é aquele que sabe lidar com o dissabor, pois sabe que faz parte de uma existência plena.

---

167 MOSS, J. *op. cit.*

168 DIAS de luta, dias de glória. Intérprete: Charlie Brown Jr. *In*: IMUNIDADE musical. Rio de Janeiro: EMI Brasil, 2005.

FELIZ É AQUELE QUE SABE LIDAR COM O DISSABOR, POIS SABE QUE FAZ PARTE DE UMA EXISTÊNCIA PLENA.

A CIÊNCIA DA FELICIDADE NO TRABALHO
@ DENIZESAVI

CAPÍTULO 13: SER, VIVER, TRANSFORMAR-SE

Devia ter complicado menos
Trabalhado menos
Ter visto o sol se pôr

Titãs[169]

---
[169] EPITÁFIO. Intérprete: Titãs. *In*: A MELHOR banda de todos os tempos da última semana. Rio de Janeiro: Ariola Records, 2001.

Um dos motivos pelos quais reuni em sete chaves tudo o que aprendi até hoje sobre a Ciência da Felicidade foi para refletir sobre uma pergunta que ouvia (e ainda ouço) com frequência: por onde começar a busca pela felicidade? A resposta abrange três etapas: ser, viver e transformar-se.

SER

Inicialmente, eu costumava responder a essa questão com a seguinte dica: em primeiro lugar, você tem de conhecer a si mesmo. Saber quem você é, aonde quer ir e do que precisa para seguir em frente. No entanto, à medida que aprofundei estudos e vivências sobre o tema, descobri que era preciso ir além. Por isso, ao lado do autoconhecimento e da inteligência emocional, acrescentei outros tópicos que considero fundamentais nesse processo.

Estou falando do dom essencial, para descobrir os seus talentos genuínos, e do sentido e do propósito, de modo a desenvolver todo o seu potencial para servir a algo além de si mesmo. Pois quando colocamos isso em prática, quando vivemos de acordo com o que acreditamos, atingimos a autorrealização, algo que serve de combustível para nos manter motivados. Não poderia deixar de acrescentar a atenção plena e a gratidão, conceitos que se popularizaram nas redes sociais e que, muitas vezes, são mal interpretados por causa da positividade tóxica, mas essenciais tanto para encontrar quanto para perpetuar a felicidade, desde que compreendidos com a devida profundidade e seriedade que merecem. Mas o cerne da questão, como você aprendeu aqui, está na conexão humana.

Eu sei que dar o próximo passo não é simples, como já pontuei anteriormente. Avaliando a situação do ponto de vista biológico, fica evidente que a nossa natureza em geral "joga" contra qualquer tipo de mudança.

Para aumentar nossa chance de sobreviver, o cérebro evoluiu de modo a economizar energia, então prefere repetir hábitos a criar novos. Do mesmo modo, foi programado a valorizar as experiências negativas em detrimento das positivas. Logo, a gente precisa se esforçar para ser feliz. Por outro lado, também podemos tirar proveito das características evolutivas que estão a nosso favor, como a cooperação, que permitiu que a nossa espécie chegasse até aqui. Um lembrete de que ninguém é feliz sozinho.

VIVER

O nosso estilo de vida atual nos faz acreditar que a felicidade está em muitas coisas, mas raramente os relacionamentos são incluídos nesse ranking. Algumas pessoas já me disseram (e as que não falaram talvez tenham pensado) que no meu caso é fácil ser feliz, afinal meu lugar de fala é um ponto privilegiado atualmente. *Atualmente*, repito, porque nem sempre foi assim. Muita gente não sabe: venho de uma família bem simples. Meu pai era eletricista, e minha mãe, dona de casa. Ela cuidava dos três filhos sozinha; por isso, eu e meus irmãos fomos incentivados a sermos independentes desde cedo. Estudei em escola pública e comecei a trabalhar ainda adolescente, como contei no início do livro.

Quando me casei, tive acesso a um mundo diferente do que estava acostumada, com incontáveis regalias. Um cenário novo para aquela moça que, até então, não tinha sequer saído do estado. E ao comparar essas realidades tão díspares, pude perceber que o dinheiro traz muitos benefícios, sim. Porque ele dá acesso a lugares e a experiências únicas. Assim como permite que você e a sua família tenham mais conforto, segurança e até mesmo saúde.

Muitos estudos já comprovaram essa correlação – entre eles, recentemente, está uma pesquisa da Universidade da Pensilvânia feita com mais de 30 mil pessoas de diversas camadas sociais, a qual sugere que a felicidade pode aumentar à medida que cresce também a renda.[170] O papel das finanças

---

170 KILLINGSWORTH, M. A. Money and Happiness: Extended Evidence Against Satiation. **Happiness Science**, 17 jul. 2024. Disponível em: https://happiness-science.org/money-happiness-satiation. Acesso em: 31 dez. 2024.

POR ONDE COMEÇAR A BUSCA PELA FELICIDADE? A RESPOSTA ABRANGE TRÊS ETAPAS: SER, VIVER E TRANSFORMAR-SE.

A CIÊNCIA DA FELICIDADE NO TRABALHO
@ DENIZESAVI

pessoais no bem-estar, portanto, é indiscutível. Mas, ainda que ganhar na loteria possa fazer você feliz em um primeiro momento, não é garantia de uma felicidade duradoura. O principal ponto é: dinheiro apenas não basta. Ao frequentar círculos de gente abastada, conheci muitas pessoas felizes. Mas também algumas que "tinham tudo" e eram infelizes mesmo assim. Ao passo que eu mesma tive uma infância humilde, mas afortunada em inúmeros aspectos.

Depois de alguns anos vivendo em meio aos abastados, sendo uma entre eles, me vi perdida e infeliz. Do mesmo modo que relações de qualidade e confiança nos alimentam, relações tóxicas nos adoecem, assim como uma vida sem sentido e propósito, sem virtudes e baseada em prazeres e futilidades. Repito: não estou demonizando o dinheiro, até porque falo de um lugar de privilégio (hoje em outra realidade, cercada de pessoas que me nutrem). O que precisa ficar claro é que ter riqueza, bens materiais, status, não é tudo. Partindo de um ponto de dignidade (ou seja, de ter o necessário para viver), a felicidade está nas coisas simples do dia a dia, às quais nos acostumamos e damos pouco valor.

Como já disseram muitos autores, de diferentes áreas do conhecimento, do romancista russo Fiódor Dostoiévski ao educador americano John Dewey, sem esquecer dos pesquisadores de Harvard, a verdadeira realização humana não reside no acúmulo de bens, mas na profundidade das relações. Para encontrar a felicidade autêntica, é importante parar e refletir para onde nós, enquanto sociedade, estamos indo (materialismo, consumismo, superficialidades e assim por diante) e para onde devemos voltar, ou seja, para as conexões humanas.

Para muitos, tais vínculos, que também chamamos de amor, são uma força universal que vai além do nosso entendimento. Algo tão real quanto a gravidade, embora a ciência não consiga explicá-lo ainda. "O amor é a única coisa que podemos perceber que transcende a dimensão de tempo e espaço", diz a astronauta Amelia Brand, no filme *Interestelar*.[171]

---

171 INTERESTELAR. Direção: Christopher Nolan. EUA: Legendary Pictures, 2014 (169 min).

TRANSFORMAR-SE

A gente pensa que vai encontrar a felicidade absoluta no dia que "chegar lá", um lugar no qual não existe tristeza nem angústia, muito menos estresse. Ao confundirmos ser feliz com ser alegre, esquecemos que a felicidade não é um destino, e sim uma jornada. Mas essa rota acontece aí dentro, e as chaves para destravá-la estão em nós.

Entretanto, tendemos a ir na direção oposta, fazendo inúmeros sacrifícios para alcançar esse tal lugar de plenitude, e nos arrependemos de muitos deles mais tarde. Uma hora, percebemos que um dos obstáculos consiste em competir com indivíduos que têm rotinas e valores com os quais nem sempre concordamos. Não raro, nos tornamos carrascos de nós mesmos, ignorando a nossa saúde, a nossa família e – com essa mania de nos compararmos – desprezando a nós mesmos.

A enfermeira australiana Bronnie Ware,[172] especialista em doentes terminais, perguntou a diversos de seus pacientes do que mais se arrependiam. As respostas foram compartilhadas em um blog, em meados dos anos 2000, e deram origem ao best-seller *Antes de partir: os 5 principais arrependimentos que as pessoas têm antes de morrer*,[173] que já foi publicado em cerca de 32 línguas.

Ware disse ter ouvido diversas histórias, porém reuniu as mais comuns, tais como "Gostaria de ter tido a coragem de viver uma vida fiel a mim mesmo, e não a vida que os outros esperavam de mim" , "Gostaria de ter tido coragem de expressar meus sentimentos", "Gostaria de ter passado mais tempo com as pessoas que eu amo"; e, como era de se imaginar, "Gostaria de não ter trabalhado tanto" também fez parte de muitos dos relatos que a enfermeira coletou. Escrevo isso com os olhos marejados, porque a vida é tão fugaz, e nós a desperdiçamos suprimindo o que verdadeiramente nos faz feliz.

---

172 ENFERMEIRA compartilha os 5 maiores arrependimentos das pessoas no final da vida. **O Globo**, 4 dez. 2023. Disponível em: https://oglobo.globo. com/saude/bem-estar/noticia/2023/12/04/enfermeira-compartilha-os-5-maiores-arrependimentos-das-pessoas-no-final-da-vida.ghtml. Acesso em: 31 dez. 2024.

173 WARE, B. **Antes de partir**: os 5 principais arrependimentos que as pessoas têm antes de morrer. São Paulo: Geração Editorial, 2017.

No Brasil, temos uma reflexão mais poética desse levantamento realizado por Ware, a linda canção "Epitáfio", dos Titãs, da qual destaquei um trecho no início do capítulo. E você, se morresse hoje? Teria a sensação de que devia ter amado mais? Passado mais tempo com as pessoas que realmente importam? Brigado menos e perdoado mais? Quando pensa no que realmente importa na sua vida, tenho certeza de que vêm à sua mente as pessoas que mais ama.

Gostaria de propor um derradeiro exercício. Pense na pessoa mais importante da sua vida. Mesmo que ela não esteja mais entre nós. Visualize seu rosto. Seu cheiro. Seu jeito. Sinta como se ela estivesse agora com você. Feche os olhos e imagine a coisa mais linda que você poderia dizer a essa pessoa especial. Faça uma pausa na leitura e pense com carinho no que você diria a ela.

Imaginou? Aposto que nessa "cena" vocês estavam sorrindo, não? Saboreie a sensação deliciosa que essa experiência gerou, quem sabe tal sentimento toque a sua alma também.

Agora vamos fazer o contrário? Pense que essa mesma pessoa está contando algo que você gostaria de ouvir dela. Pode ser uma declaração de amor, um pedido de desculpas, uma lembrança de algo bom que viveram juntos ou um "você é muito importante para mim". Feche os olhos e sinta.

Percebeu novamente o sorriso no seu rosto? Se imaginar já nos "transporta" para a felicidade em questão de segundos, imagine praticar!

A VERDADEIRA REALIZAÇÃO HUMANA NÃO RESIDE NO ACÚMULO DE BENS, MAS NA PROFUNDIDADE DAS RELAÇÕES.

A CIÊNCIA DA FELICIDADE NO TRABALHO
@DENIZESAVI

POSFÁCIO:
FELICIDADE CORPORATIVA NA PRÁTICA

Não poderia terminar o livro sem contar um pouco da minha experiência como CHO da Chilli Beans. Esse trabalho teve início quando o mundo ainda lutava contra a maior crise sanitária do século XXI, a pandemia da covid-19, no início de 2022. Um período, como já falamos, marcado pelo aumento de doenças como depressão e ansiedade no mundo inteiro, assim como por mudanças profundas na maneira como nos comunicamos, estudamos, consumimos, nos divertimos e, claro, trabalhamos.

A felicidade corporativa não é apenas um conceito abstrato, e sim um processo que deve estar inserido no planejamento estratégico da organização. Mais do que isso, ela precisa fazer parte da cultura da empresa. Para tanto, repito, é necessário executar uma série de ações, desde a criação de ambientes de trabalho mais descontraídos, colaborativos e inspiradores até o apoio ao desenvolvimento profissional e pessoal de seus colaboradores, além da implementação de processos de melhoria contínua para preservar a saúde mental e física, bem como a construção de ambientes psicologicamente seguros.

Reitero que não existe uma fórmula pronta para estruturar uma gestão de felicidade corporativa, pois cada organização vai entender o que faz sentido desenvolver em seu ambiente de trabalho dentro de uma gama enorme de possibilidades; e, evidentemente, tudo precisará estar alinhado com a cultura da organização. Entretanto, conforme aprendi de lá para cá, alguns passos devem ser respeitados para elevar as chances de sucesso na hora de implementar qualquer iniciativa.

O primeiro deles é o apoio da alta gestão. Em outras palavras, precisamos sensibilizar as lideranças para a importância e o impacto de um movimento como esse dentro da estrutura organizacional. Foi com isso em mente que apresentei um programa piloto à direção da Chilli Beans, baseado na Ciência da Felicidade. Munida de dezenas de pesquisas científicas que comprovam os benefícios da promoção da felicidade no ambiente corporativo, mostrei aquele que seria o melhor dos mundos para todos: empregados felizes e empresa faturando mais.

O que havia nessas pesquisas para tal convencimento? Simples: dados que comprovam que a redução de *turnover* (isto é, rotatividade de funcionários), de absenteísmo e de presenteísmo, e ainda a de gastos com sinistralidade provocam aumento do engajamento, da produtividade e, consequentemente, das receitas da empresa, ou seja, mais lucro.

Minha proposta foi recebida com atenção e curiosidade, como é de praxe nas organizações que têm a inovação como parte de seu DNA. Para iniciar essa missão, busquei o apoio de um consultor do mercado, o Vinicius Kitahara, criador da Vinning, a primeira consultoria de felicidade corporativa do Brasil. Vini e sua equipe já atenderam clientes como Heineken, Google, Suzano, Boticário, Adidas e Deloitte, entre outros. O programa piloto durou um ano, e seu principal objetivo foi fazer o letramento dos colaboradores e avaliar a relevância da Ciência da Felicidade na rotina da empresa.

Esse processo envolveu o desenvolvimento de habilidades, comportamentos e práticas que impactaram significativamente tanto a vida profissional quanto a pessoal de cada colaborador. Como falei ao longo deste livro, ações pontuais de saúde mental e qualidade de vida são importantes para o bem-estar dos funcionários. Mas o trabalho de bem-estar organizacional não pode se resumir a eventos específicos.

Para aumentar as chances de a organização alcançar o maior número de benefícios possível que a Ciência da Felicidade é capaz de promover, o conceito deve se tornar um valor e ser agregado à gestão. Nesse primeiro momento, fizemos dinâmicas semanais com os colaboradores, em grupos de trinta a quarenta pessoas. Com o apoio de ferramentas da Psicologia Positiva, os colaboradores eram incentivados a refletir sobre felicidade na vida pessoal e profissional e encorajados a praticar na rotina as habilidades para a felicidade aprendidas nos encontros, exercendo, assim, um impacto positivo no clima organizacional.

Outro ponto importante era a realização de atividades para estimular o estreitamento dos relacionamentos entre pessoas de áreas diferentes.

A FELICIDADE CORPORATIVA NÃO É APENAS UM CONCEITO ABSTRATO, E SIM UM PROCESSO QUE DEVE ESTAR INSERIDO NO PLANEJAMENTO ESTRATÉGICO DA ORGANIZAÇÃO.

A CIÊNCIA DA FELICIDADE NO TRABALHO
@ DENIZESAVI

Afinal, está mais do que comprovado que a base de uma vida com propósito e sentido são as boas relações. Como ensina Simon Sinek em *Comece pelo porquê*,[174] considerando-se que 100% dos clientes e 100% dos funcionários são pessoas, se você não sabe lidar com elas, não sabe fazer negócios.

Em vista disso, aprofundamos também conceitos como humanização, integração, colaboração e feedbacks. Eles já faziam parte do dia a dia da Chilli Beans, obviamente. Notamos, entretanto, que as pessoas tendem a automatizar também os relacionamentos. Isso é comum e compreensível em qualquer organização quando a rotina exige o cumprimento de crescentes demandas e metas – especialmente entre os líderes, vale ressaltar. É aquela velha história de entrar no piloto automático de que falamos no início do livro. Do mesmo modo, você também deve recordar que valorizar e reconhecer o trabalho dos colaboradores é essencial para conseguir os melhores resultados. Só que, muitas vezes, os gestores olham apenas para aquilo que falta e esquecem de comemorar o que já foi conquistado.

Essa experiência nos mostrou que os colaboradores sentiam a necessidade de falar e cuidar, no dia a dia, tanto da saúde mental quanto da convivência com seus colegas. Conquistamos o tão precioso ambiente com segurança psicológica; lembra dele? E o alto engajamento das equipes atestou que o nosso programa de felicidade não poderia parar por ali. A alta gestão compreendeu o impacto positivo das ações implementadas ao longo daquele ano e me concedeu a oportunidade de criar um departamento voltado ao bem-estar e à felicidade. Assim, em 2023, iniciei minha atuação como CHO da Chilli Beans, e introduzimos oficialmente a gestão da felicidade corporativa.

MÉTRICAS DO BEM-ESTAR

Uma nova etapa se iniciava e, para tal, senti a necessidade de aprofundar o trabalho fazendo um mapeamento do cenário para desenvolver ações customizadas de acordo com a realidade de cada área da empresa. Portanto, eu precisava de indicadores.

---

174 SINEK, S. **Comece pelo porquê**. Rio de Janeiro: Sextante, 2018.

Durante um almoço de networking com a diretora de Felicidade da Heineken Brasil, Livia Azevedo, surgiu o nome de Luan Rodrigues, fundador da Zenbox. Ela me indicou o Luan, e na mesma semana marquei um papo com ele. Para a minha surpresa, a Zenbox tinha a solução que eu buscava. Uma ferramenta capaz de mensurar o bem-estar e a felicidade com escalas cientificamente validadas.

Trocando em miúdos, o Indicador de Felicidade Organizacional (IFOZ) da Zenbox tem como base o modelo PERMA-V da Psicologia Positiva, que abrange seis dimensões do comportamento humano: emoções positivas, engajamento, relacionamentos, significado, realização e vitalidade.

Desenvolvido por Martin Seligman, esse modelo tem por objetivo auxiliar as pessoas a florescer, como preconiza seu idealizador. As dimensões correspondem à sigla, em inglês, PERMA (*positive emotion, engagement, relationships, meaning, achievement*), que, após uma recente atualização, englobou também a questão essencial da vitalidade (isto é, da saúde física e mental).

A partir do PERMA-V, o IFOZ traz 24 questões relacionadas ao ambiente de trabalho, como: "Consigo perceber e comemorar com alegria os pequenos avanços e as pequenas conquistas do dia a dia?", "Consigo aperfeiçoar os meus conhecimentos e as minhas competências para o enfrentamento dos desafios do trabalho?", "Consigo aplicar o meu talento e a minha energia no trabalho?", "Existe a preocupação para que eu e meus colegas possamos aprender, construir, comunicar e cooperar juntos na execução do trabalho?", "Sinto que sou valorizado na empresa?". Essas são algumas das questões respondidas todo mês dentro de um período de dez dias. Chamamos carinhosamente de "momento de reflexão", já que a pesquisa por si só já é um processo de escuta ativa, pois traz não só perguntas quantitativas como também qualitativas, que levam os colaboradores a responderem abertamente sobre vários temas.

Para aprofundar ainda mais, são feitos recortes – por sexo, faixa etária, área de atuação, entre outros. Não é surpresa para ninguém que, de modo geral, as mulheres encontram-se em situações de maior risco relacionado à saúde mental se comparadas aos homens. Em parte, porque um percentual significativo acumula tarefas domésticas em casa, além do trabalho

Felicidade corporativa na prática **185**

em horário comercial. Curiosamente, porém, as pessoas mais novas também merecem um olhar especial. Isso, porque muitos jovens trabalham e estudam, o que ocupa os dias inteiros e impacta diretamente seus níveis de bem-estar.

Essa ferramenta, portanto, nos ajuda a colher todas as informações que influenciam a qualidade de vida no trabalho. Com base nesses dados, todos os meses produzimos métricas para demonstrar a efetividade do nosso programa de felicidade. Elas podem subir ou descer, a depender do departamento, do recorte e também do período do ano. Na época da Black Friday e do Natal, por exemplo, é visível o acréscimo no estresse, já que somos de uma empresa de varejo.

Como estamos falando de pessoas, logicamente o intuito é observar o que está por trás das estatísticas. Dessa maneira, aprendemos quando os resultados pendem para o estado crítico, em risco, bom ou excelente. O líder tem de ser mais empático? O funcionário está com problemas no sono? Como vai a comunicação entre o time? Está faltando reconhecimento? Novos desafios? Em resumo, conseguimos saber com precisão (95% de confiabilidade, para ser mais exata) quais são os pontos de atenção e de oportunidades.

A gestão do bem-estar e da felicidade é a combinação de avaliações mensais com sessões regulares de interpretação dos dados junto aos gestores de cada área, além de direcionamento de ações específicas para cada departamento de acordo com os resultados das pesquisas. Inclui ainda um reforço das habilidades para a felicidade por meio de comunicação interna e eventos pontuais com palestras, workshops e rodas de conversa.

As métricas são apresentadas aos gestores em reuniões mensais. A partir desses resultados e dessas conversas, em que também oferecemos insights com melhorias, eles são munidos de informações e ideias para efetuar as mudanças necessárias em seus times. O nosso trabalho não se limita a mapear o cenário e fazer um diagnóstico; também ajuda os líderes a encontrarem saídas para um dia a dia mais sustentável.

O NOSSO TRABALHO NÃO SE LIMITA A MAPEAR O CENÁRIO E FAZER UM DIAGNÓSTICO; TAMBÉM AJUDA OS LÍDERES A ENCONTRAREM SAÍDAS PARA UM DIA A DIA MAIS SUSTENTÁVEL.

A CIÊNCIA DA FELICIDADE NO TRABALHO
@ DENIZESAVI

LEI DO RETORNO

Tamanho esforço tem valido a pena, e muito. Percebo que nossos gestores estão cada vez mais preocupados em proporcionar um ambiente de trabalho em que os colaboradores, de fato, queiram dar o melhor de si, assim como em transformar cada departamento em um espaço onde todos gostem de estar. Todo mundo quer um time engajado, não é mesmo? Saber que pode contar com um setor inteiro dedicado a esse fim é o melhor dos mundos para qualquer líder que se preze.

Implantar um programa de felicidade corporativa normalmente exige também mudanças na cultura das empresas, como já falamos por aqui. Tal qual afirmou Tony Hsieh, "para uma organização, cultura é destino".[175] Daí a importância da sensibilização das lideranças. Pois dessa maneira conseguimos obter um efeito cascata e atingir todos os colaboradores indiretamente.

Desde que o programa de felicidade foi implementado na Chilli Beans, houve um impacto positivo não só no clima organizacional, como também no resultado financeiro. De 2022 para 2023, houve um aumento de 28% no EBITDA (sigla em inglês para *earnings before interest, taxes, depreciation and amortization*, ou seja, lucros antes de juros, impostos, depreciação e amortização), um importante indicador financeiro para empresas de todos os tamanhos. De 2023 para 2024, esse aumento chegou a 33%.

Outro indicador que também confirmou que estamos no caminho certo foi a redução do turnover, que caiu de 31% para 28% em 2024. Há uma métrica que me deixa ainda mais orgulhosa: IFOZ, que se refere ao nível de felicidade, como você viu. Atualmente, atingimos o patamar de 71% e contando!

Com a ajuda de todas essas métricas, por fim, também desenhamos ações variadas que envolvem todos os setores. Desde happy hours temáticos e comemorações ao intercâmbio de conhecimento contínuo para aperfeiçoar habilidades. Recentemente, por exemplo, o departamento de marketing promoveu uma imersão de quatro dias no litoral de São Paulo, com gestores de todas as áreas. Compartilho a seguir dois pontos de vista

---

175 FURTADO, C. *op. cit.*

distintos, para você ter uma ideia do quanto iniciativas aparentemente simples trazem grandes contribuições.

"Para a construção do planejamento do ano seguinte, decidi que faria algo diferente. Tive a oportunidade de conduzir um SPRINT[176] colaborativo que foi muito além de criar estratégias de marketing. Saímos do escritório, ficamos três dias em uma casa de praia. A princípio parecia ambicioso criar um planejamento em apenas três dias, porém sair do ambiente corporativo e interagir com as pessoas à beira-mar foi transformador. Esse encontro trouxe à tona a essência do que a Ciência da Felicidade nos ensina: o poder das conexões humanas.

Reunimos pessoas de diferentes áreas e perspectivas, criando um espaço seguro para a escuta ativa e a exposição de desafios, dores e ideias. Foram convidados colaboradores não só do marketing, mas também de comercial, design, produto, trade, setores que impactam diretamente o nosso dia a dia. Essa troca sincera ampliou nossa compreensão mútua e fortaleceu nossos laços como equipe. Juntos, revisamos processos para torná-los mais eficazes, compartilhamos conhecimentos que antes estavam dispersos e, principalmente, reforçamos o senso de pertencimento.

O que emergiu desse processo foi muito mais do que um plano ou desenho de metas: foi um time mais unido, engajado e feliz. O SPRINT provou que a felicidade no trabalho não é um conceito abstrato, e sim um ingrediente fundamental para a inovação. Quando as pessoas se sentem ouvidas, valorizadas e conectadas, elas ficam mais motivadas.

Ali enxergamos o óbvio, que muitas vezes se torna tão corriqueiro que passa despercebido: o verdadeiro poder das organizações está nas pessoas e no modo como elas interagem. A união é um catalisador poderoso para transformar o ambiente de trabalho em um espaço de realização, aprendizado e crescimento coletivo."

Caio Pamphilo dos Santos, head de Marketing da Chilli Beans

---

176 No mundo corporativo, SPRINT faz parte da metodologia de gerenciamento de projetos SCRUM e define um conjunto de tarefas que devem ser executadas em um período predefinido.

"Por mais que a Chilli Beans seja uma empresa livre, no dia a dia acabamos vivendo em bolhas, e assim cada grupo interage apenas com os colegas mais próximos. A dinâmica do SPRINT foi uma experiência que serviu para furá-la. Times de diferentes áreas interagiram durante quatro dias inteiros e intensos. Eu pude conhecer pessoas que se sentam a vinte metros de mim, mas cujos nomes eu nem sabia. Quando dei por mim, a gente estava se abraçando e descobrindo que temos várias coisas em comum.

Nós nos apresentamos um para o outro, falamos o que fazíamos e quanto tempo estávamos na empresa. Usamos crachás e, durante as tarefas, a ideia era levar papel e caneta à mão. Nada de celular, justamente para interagirmos com o próximo, e não com uma tela. Os grupos eram formados quase que por sorteio, então a cada tarefa a gente estava com uma pessoa diferente, o que favorece a comunicação e a troca de ideias.

O pós-SPRINT foi melhor ainda, porque passei a interagir em trabalhos externos (fora do escritório) de um jeito mais leve e íntimo com essas pessoas. O mais legal foi descobrir que eu não sou a única que veste a camisa da marca! Todo mundo ali, independentemente do cargo ocupado, torce pelo sucesso da empresa, quer dar o seu melhor e tem orgulho de falar do lugar onde trabalha.

Em tempos de burnout, é muito bom ter experiências como essas fora do ambiente corporativo. Nós, que trabalhamos com criatividade, precisamos dessa injeção de ânimo no dia a dia."

Bruna Fernandes Pereira, coordenadora de Mídias da Chilli Beans

Na Chilli Beans, aplicamos os conceitos que apresentei e desenvolvi ao longo deste livro na prática e, em poucos anos, já pudemos colher resultados expressivos – como havia visto acontecer em tantas empresas mundo afora. Nas paredes de nossa sede, os colaboradores têm acesso ao que chamamos de "doze passos para a felicidade", uma espécie de manifesto que contempla habilidades validadas cientificamente para uma vida feliz de verdade. A nossa gestão de felicidade corporativa está apenas começando. Entretanto, estamos certos de que, na nossa empresa, o futuro do trabalho já começou.

MANIFESTO: 12 PASSOS PARA A FELICIDADE

Agradeça:
Agradeça a alguém e seja grato a seus colegas todos os dias.

Dê:
Dê algo a outra pessoa ou possibilite que outros ofereçam presentes.

Ajude:
Ajude alguém que precisa de apoio ou
permita que colegas se ajudem.

Coma bem:
Coma bem e faça com que alimentos bons e
saudáveis sejam acessíveis a todos.

Exercite-se:
Exercite-se regularmente e torne o cuidado
com o corpo fácil para outras pessoas.

Descanse:
Descanse bem, durma o suficiente e permita
que seus colegas refresquem a mente.

Experimente:
Experimente coisas novas, tente coisas e permita que as
pessoas realizem todos os tipos de experimentos.

Caminhe:
Caminhe ao ar livre, desfrute da natureza e permita que
as pessoas escapem do escritório e da cidade.

Medite:
Medite e faça com que as pessoas aprendam
e adotem práticas de atenção plena.

Socialize:
Socialize, relacione-se com outras pessoas e facilite
o desenvolvimento de conexões entre colegas.

Mire:
Mire uma meta e ajude as pessoas a entenderem
e realizarem seu próprio propósito.

Sorria:
Sorria sempre que puder, aprecie o humor e faça com que
os colegas se envolvam em atividades divertidas.

Este livro foi impresso pela
gráfica Santa Marta em
papel pólen bold 70 g/m²
em abril de 2025.